全国"七五"普法学习读本
★ ★ ★ ★ ★

种植管理法律法规学习读本
种植综合法律法规

曾朝 主编

加大全民普法力度,建设社会主义法治文化,树立宪法法律至上、法律面前人人平等的法治理念。

——中国共产党第十九次全国代表大会《决胜全面建成小康社会 夺取新时代中国特色社会主义伟大胜利》

汕头大学出版社

图书在版编目（CIP）数据

种植综合法律法规 / 曾朝主编. -- 汕头：汕头大学出版社，2018.5

（种植管理法律法规学习读本）

ISBN 978-7-5658-3524-7

Ⅰ.①种… Ⅱ.①曾… Ⅲ.①农业法-中国-学习参考资料 Ⅳ.①D922.44

中国版本图书馆 CIP 数据核字（2018）第 037636 号

种植综合法律法规　ZHONGZHI ZONGHE FALÜ FAGUI

主　　编：	曾　朝
责任编辑：	邹　峰
责任技编：	黄东生
封面设计：	大华文苑
出版发行：	汕头大学出版社
	广东省汕头市大学路 243 号汕头大学校园内　邮政编码：515063
电　　话：	0754-82904613
印　　刷：	三河市祥宏印务有限公司
开　　本：	690mm×960mm 1/16
印　　张：	18
字　　数：	226 千字
版　　次：	2018 年 5 月第 1 版
印　　次：	2018 年 6 月第 1 次印刷
定　　价：	59.60 元（全 2 册）

ISBN 978-7-5658-3524-7

发行/广州发行中心　通讯邮购地址/广州市越秀区水荫路 56 号 3 栋 9A 室　邮政编码/510075
电话/020-37613848　传真/020-37637050

版权所有，翻版必究
如发现印装质量问题，请与承印厂联系退换

前　言

习近平总书记指出："推进全民守法，必须着力增强全民法治观念。要坚持把全民普法和守法作为依法治国的长期基础性工作，采取有力措施加强法制宣传教育。要坚持法治教育从娃娃抓起，把法治教育纳入国民教育体系和精神文明创建内容，由易到难、循序渐进不断增强青少年的规则意识。要健全公民和组织守法信用记录，完善守法诚信褒奖机制和违法失信行为惩戒机制，形成守法光荣、违法可耻的社会氛围，使遵法守法成为全体人民共同追求和自觉行动。"

2016年4月，中共中央、国务院转发了《中央宣传部、司法部关于在公民中开展法治宣传教育的第七个五年规划（2016—2020年）》，简称"七五"普法规划。并发出通知，要求各地区各部门结合实际认真贯彻执行。通知指出，全民普法和守法是依法治国的长期基础性工作。深入开展法治宣传教育，是贯彻落实党的十八大和十八届三中、四中、五中全会精神的重要任务，是实施"十三五"规划、全面建成小康社会和新农村的重要保障。

"七五"普法规划指出：各地区各部门要根据实际需要，从不同群体的特点出发，因地制宜开展有特色的法治宣传教育……坚持集中法治宣传教育与经常性法治宣传教育相结合，深化法律进机关、进乡村、进社区、进学校、进企业、进单位的"法律六进"主题活动，完善工作标准，建立长效机制。

特别是农业、农村和农民问题，始终是关系党和人民事业发展的全局性和根本性问题。党中央、国务院发布的《关于推进社会主义新农村建设的若干意见》中明确提出要"加强农村法制建设，深入开展农村普法教育，增强农民的法制观念，提高农民依法行使权利和履行义务的自觉性。"多年普法实践证明，普及法律知识，提高法制观念，增强全社会依法办事意识具有重要作用。特别是在广大农村进行普法教育，是提高全民法律素质的需要。

多年来，我国在农村实行的改革开放取得了极大成功，农村发生了翻天覆地的变化，广大农民生活水平大大得到了提高。但是，由于历史和社会等原因，现阶段我国一些地区农民文化素质还不高，不学法、不懂法、不守法现象虽然较原来有所改变，但仍有相当一部分群众的法制观念仍很淡化，不懂、不愿借助法律来保护自身权益，这就极易受到不法的侵害，或极易进行违法犯罪活动，严重阻碍了全面建成小康社会和新农村步伐。

为此，根据党和政府的指示精神以及"七五"普法规划，特别是根据广大农村农民的现状，在有关部门和专家的指导下，特别编辑了这套《全国"七五"普法学习读本》。主要包括了广大人民群众应知应懂、实际实用的法律法规。为了辅导学习，附录还收入了相应法律法规的条例准则、实施细则、解读解答、案例分析等；同时为了突出法律法规的实际实用特点，兼顾地方性和特殊性，附录还收入了部分某些地方性法律法规以及非法律法规的政策文件、管理制度、应用表格等内容，拓展了本书的知识范围，使法律法规更"接地气"，便于读者学习掌握和实际应用。

在众多法律法规中，我们通过甄别，淘汰了废止的，精选了最新的、权威的和全面的。但有部分法律法规有些条款不适应当下情况了，却没有颁布新的，我们又不能擅自改动，只得保留原有条款，但附录却有相应的补充修改意见或通知等。众多法律法规根据不同内容和受众特点，经过归类组合，优化配套。整套普法读本非常全面系统，具有很强的学习性、实用性和指导性，非常适合用于广大农村和城乡普法学习教育与实践指导。总之，是全社会"七五"普法的良好读本。

目 录

国家最新种植管理政策

全国种植业结构调整规划（2016—2020 年）……………（1）
农业部解读《全国种植业结构调整规划
　（2016—2020 年）》………………………………（24）
全国现代农作物种业发展规划（2012—2020 年）………（36）
国务院办公厅关于加快推进农业供给侧结构性
　改革大力发展粮食产业经济的意见………………（56）
国务院关于建立粮食生产功能区和重要农产品生产
　保护区的指导意见…………………………………（69）
农业部关于加快东北粮食主产区现代畜牧业发展的
　指导意见……………………………………………（77）
农业部办公厅关于加快推进农垦现代农作物种业发展的
　指导意见……………………………………………（85）
无公害农产品（种植业产品）认证现场检查评定细则……（91）

中央财政种植业保险保费补贴管理办法

第一章　总　则…………………………………………（99）
第二章　补贴范围………………………………………（101）
第三章　保障措施………………………………………（103）
第四章　资金预算编制管理……………………………（104）
第五章　资金预算执行及监控管理……………………（105）

— 1 —

第六章　机构管理 …………………………………（107）
第七章　监督检查 …………………………………（108）

农业转基因生物安全管理条例

第一章　总　　则 …………………………………（111）
第二章　研究与试验 ………………………………（112）
第三章　生产与加工 ………………………………（114）
第四章　经　　营 …………………………………（115）
第五章　进口与出口 ………………………………（116）
第六章　监督检查 …………………………………（119）
第七章　罚　　则 …………………………………（120）
第八章　附　　则 …………………………………（122）

农业野生植物保护办法

第一章　总　　则 …………………………………（124）
第二章　野生植物保护 ……………………………（124）
第三章　野生植物管理 ……………………………（126）
第四章　奖励与处罚 ………………………………（131）
第五章　附　　则 …………………………………（131）

出口食品原料种植场备案管理规定

第一章　总　　则 …………………………………（132）
第二章　备案申请 …………………………………（133）
第三章　受理与审核 ………………………………（135）
第四章　监督管理 …………………………………（135）
第五章　上报和公布 ………………………………（137）
第六章　附　　则 …………………………………（138）

国家最新种植管理政策

全国种植业结构调整规划
（2016—2020年）

农业部关于印发
《全国种植业结构调整规划（2016—2020年）》的通知
农农发〔2016〕3号

各省、自治区、直辖市农业（农牧、农村经济）、农机、畜牧、农垦局（厅、委），新疆生产建设兵团农业局：

  为贯彻落实《中共中央国务院关于落实发展新理念加快农业现代化实现全面小康目标的若干意见》（中发〔2016〕1号）精神，扎实推进农业供给侧结构性改革，努力提高农业供给体系的质量和效率，农业部编制了《全国种植业结构调整规划（2016—2020年）》，现予以印发。请结合实际，认真组织实施。

农业部

2016年4月11日

种植业是农业的重要基础，粮棉油糖菜是关系国计民生的重要产品。"十二五"时期，我国粮食连年增产，种植业持续稳定发展，为经济发展和改革大局提供了有力支撑。"十三五"时期是全面建成小康社会的决胜阶段，面临的形势更加复杂、发展的任务更加繁重。适应经济发展新常态，推进农业供给侧结构性改革，必须加快转变发展方式，调整优化种植结构，全面提高发展质量，全力保障国家粮食安全和重要农产品有效供给，特制定本规划。

　　本规划调整的主要作物为粮食、棉花、油料、糖料、蔬菜及饲草作物，规划期为2016—2020年。

　　一、种植业结构调整的必要性紧迫性

　　"十二五"以来，特别是党的十八大以来，中央高度重视"三农"工作，作出了一系列重大部署，出台了一系列强农惠农富农政策，有力促进了粮食和种植业持续稳定发展，取得了巨大成就。农业生产能力稳步提升。粮食产量连续五年超过5.5亿吨，连续三年超过6亿吨，综合生产能力超过5.5亿吨。同时，果菜茶等园艺作物稳定发展，棉油糖等工业原料作物单产水平进一步提高。已建成一批粮、棉、油、糖等重要农产品生产基地，"米袋子""菜篮子"的生产基础不断夯实。农业基础条件持续改善。农田有效灌溉面积达到9.86亿亩、占耕地总面积的54.7%，农田灌溉水有效利用系数达到0.52；新建一批旱涝保收的高标准农田，耕地质量有所改善。科技支撑水平显著增强。农业科技进步贡献率超过56%，主要农作物特别是粮食作物良种基本实现全覆盖；农机总动力达到11亿千瓦，主要农作物耕种收综合机械化率达到63%。生产集约程度不断提高。承包耕地流转面积达到4.03亿亩、占家庭承包经营耕地面积的30.4%；农民专业合作社128.88万家，入社农户占全国农户总数的36%左右；主要农作物重大病虫害统防统治覆盖率达到30%。主要产品优势带初步形成。小麦以黄淮海为重点，水稻以东北和长江流域为重点，玉米以东北和黄淮海为重点，大豆以东北北部和黄淮海南部为重点，棉花以新疆为重点，油菜以长江流域为重点，糖料以广西、云南为重点，形成了一批特色鲜明、布局集中的农产品优势产业带。

当前，我国农业发展环境正发生深刻变化，老问题不断积累、新矛盾不断涌现，面临不少困难和挑战。一是品种结构不平衡。小麦、稻谷口粮品种供求平衡，玉米出现阶段性供大于求，大豆供求缺口逐年扩大。棉花、油料、糖料等受资源约束和国际市场冲击，进口大幅增加，生产出现下滑。优质饲草短缺，进口逐年增加。二是资源环境约束的压力越来越大。工业化城镇化快速推进，还要占用一部分耕地，还要挤压一部分农业用水空间。耕地质量退化、华北地下水超采、南方地表水富营养化等问题突出，对农业生产的"硬约束"加剧，靠拼资源消耗、拼物质要素投入的粗放发展方式难以为继。三是消费结构升级的要求越来越高。经济的发展使城乡居民的支付能力和生活水平不断提高，消费者对农产品的需求由吃得饱转向吃得好、吃得安全、吃得健康，进入消费主导农业发展转型的新阶段。四是产业融合的程度越来越深。现代农业产业链条不断延伸，产业附加值不断提升，需要开发农业多种功能和多重价值，推进农牧结合，实现一二三产业融合发展。五是国内外市场联动越来越紧。经济全球化和贸易自由化深入发展，国内与国际市场深度融合，资源要素和产品加速流动，国内农产品竞争优势不足，进口压力加大。此外，受全球气候变暖影响，高温、干旱、洪涝等极端天气频发重发，病虫害发生呈加重趋势，对农业生产安全带来威胁。

新形势下，农业的主要矛盾已由总量不足转变为结构性矛盾，推进农业供给侧结构性改革，加快转变农业发展方式，是当前和今后一个时期农业农村经济的重要任务。这些重大部署和要求，给种植业结构调整带来难得的机遇。一是有发展新理念的引领。"创新、协调、绿色、开放、共享"五大发展新理念，为调整优化种植结构提供了基本的遵循。二是有巨大市场消费的拉动。还有五年的时间就实现第一个百年奋斗目标，加之工业化、城镇化快速推进，进入消费需求持续增长、消费结构加快升级、消费拉动经济作用明显增强的重要阶段，蕴藏着巨大的市场空间，外在动力持续增强。三是有科技创新加速的支撑。以生物、信息、新材料、新能源技术为中心的新一轮科技革命和产业变革正蓄势待发，物联网、智能装备、DNA生物记忆卡等一批新技术不断涌现，国家科技创新驱动战略和"大众创业、万众创新"的深入实施，智慧农业、生态农业等新业态应运而生，内在动力持续增强。四是有农村改革的深入推进。农村集体产权制度改革，改革完善粮食等农产品价格形成机制和收储制度，健全农业农村投入持续增长机制，推动金融资源更多向农村倾斜，将进一步释放改革红利。五是有国际国内的深度融合。我国已深度融入全球化格局中，"一带一路"战略的加快实施，统筹国际国内两个市场、两种资源，为调整优化种植结构拓展了空间。

面对新形势、应对新挑战，必须主动作为、顺势而为，加快转变农业发展方式，推进种植业结构调整，提升质量效益和竞争力，保障国家粮食安全，促进种植业可持续发展。

二、种植业结构调整的思路、原则和目标任务

（一）总体思路

全面贯彻党的十八大和十八届三中、四中、五中全会精神，深入贯彻习近平总书记系列重要讲话精神，以发展新理念为统领，实施新形势下国家粮食安全战略和藏粮于地、藏粮于技战略，坚持市场导向、科技支撑、生态优先，转变发展方式，加快转型升级，巩固提升粮食产能，推进种植业结构调整，优化品种结构和区域布局，构建粮经饲统筹、农牧结合、种养加一体、一二三产业融合发展的格局，走产出高效、产品安全、资源节约、环境友好的农业现代化道路。

（二）基本原则

1. 坚持底线思维，确保粮食安全。种植业结构调整要立足我国国情和粮情，集中力量把最基本、最重要的保住，守住"谷物基本自给、口粮绝对安全"的战略底线。加强粮食主产区建设，建立粮食生产功能区和重要农产品生产保护区，巩固提升粮食产能。

2. 坚持市场导向，推进产业融合。发挥市场配置资源决定性作用，引导农民安排好生产和种植结构。以关联产业升级转型为契机，推进农牧结合，发展农产品加工业，扩展农业多功能，实现一二三产业融合发展，提升农业效益。

3. 坚持突出重点，做到有保有压。根据资源禀赋及区域差异，做到保压有序、取舍有度。优化品种结构，重点是保口粮、

保谷物，兼顾棉油糖菜等生产，发展适销对路的优质品种。优化区域布局，发挥比较优势，巩固提升优势区，适当调减非优势区。优化作物结构，建立粮经饲三元结构。

4. 坚持创新驱动，注重提质增效。推进科技创新，强化农业科技基础条件和装备保障能力建设，提升种植业结构调整的科技水平。推进机制创新，培育新型农业经营主体和新型农业服务主体，发展适度规模经营，提升集约化水平和组织化程度。

5. 坚持生态保护，促进持续发展。树立尊重自然、顺应自然、保护自然的理念，节约和高效利用农业资源，推进化肥农药减量增效，建立耕地轮作制度，实现用地养地结合，促进资源永续利用、生产生态协调发展。

6. 坚持着眼全球，统筹两个市场。在保障国家粮食安全底线的前提下，充分利用国际农业资源和产品市场，保持部分短缺品种的适度进口，满足国内市场需求。引导国内企业参与国际产能合作，在国际市场配置资源、布局产业，提升我国农业国际竞争力和全球影响力。

（三）发展目标

种植业结构调整的目标，主要是"两保、三稳、两协调"。

"两保"，即保口粮、保谷物。到2020年，粮食面积稳定在16.5亿亩左右，其中稻谷、小麦口粮品种面积稳定在8亿亩，谷物面积稳定在14亿亩。

"三稳"，即稳定棉花、食用植物油、食糖自给水平。到2020年，力争棉花面积稳定在5000万亩左右，油料面积稳定在2亿亩左右，糖料面积稳定在2400万亩左右。

"两协调",即蔬菜生产与需求协调发展、饲草生产与畜牧养殖协调发展。到 2020 年,蔬菜面积稳定在 3.2 亿亩左右,饲草面积达到 9500 万亩。

(四)调整任务

1. 构建粮经饲协调发展的作物结构。适应农业发展的新趋势,建立粮食作物、经济作物、饲草作物三元结构。粮食作物:加强粮食主产区建设,建设一批高产稳产的粮食生产功能区,强化基础设施建设,提升科技和物质装备水平,不断夯实粮食产能。经济作物:稳定棉花、油料、糖料作物种植面积,建设一批稳定的商品生产基地。稳定蔬菜面积,发展设施生产,实现均衡供应。饲草作物:按照以养带种、以种促养的原则,积极发展优质饲草作物。

2. 构建适应市场需求的品种结构。消费结构升级,需要农业提供数量充足、品质优良的产品。发展优质农产品,优先发展优质稻米、强筋弱筋小麦、"双低"油菜、高蛋白大豆、高油花生、高产高糖甘蔗等优质农产品。发展专用农产品,积极发展甜糯玉米、加工型早籼稻、高赖氨酸玉米、高油玉米、高淀粉马铃薯等加工型专用品种,发展生物产量高、蛋白质含量高、粗纤维含量低的苜蓿和青贮玉米。发展特色农产品,因地制宜发展传承农耕文明、保护特色种质资源的水稻,有区域特色的杂粮杂豆,风味独特的小宗油料,有地理标识的农产品。培育知名品牌,扩大市场影响,为消费者提供营养健康、质量安全的放心农产品。

3. 构建生产生态协调的区域结构。综合考虑资源承载能力、环境容量、生态类型和发展基础等因素,确定不同区域的发展方向和重点，分类施策、梯次推进，构建科学合理、专业化的生产格局。提升主产区，重点是发展东北平原、黄淮海地区、长江中下游平原等粮油优势产区，新疆内陆棉区，桂滇粤甘蔗优势区，发展南菜北运基地和北方设施蔬菜，加强基础设施建设，稳步提升产能。建立功能区，优先将水土资源匹配较好、相对集中连片的小麦、水稻田划定为粮食生产功能区，特别是将非主产区的杭嘉湖平原、关中平原、河西走廊、河套灌区、西南多熟区等区域划定为粮食生产功能区。建立保护区，加快将资源优势突出、区域特色明显的重要农产品优先列入保护区，重点是发展东北大豆、长江流域"双低"油菜、新疆棉花、广西"双高"甘蔗等重要产品保护区。

4. 构建用地养地结合的耕作制度。根据不同区域的资源条件和生态特点，建立耕地轮作制度，促进可持续发展。东北冷凉区，实行玉米大豆轮作、玉米苜蓿轮作、小麦大豆轮作等生态友好型耕作制度，发挥生物固氮和养地肥田作用。北方农牧交错区，重点发展节水、耐旱、抗逆性强等作物和牧草，防止水土流失，实现生态恢复与生产发展共赢。西北风沙干旱区，依据降水和灌溉条件，以水定种，改种耗水少的杂粮杂豆和耐旱牧草，提高水资源利用率。南方多熟地区，发展禾本科与豆科、高秆与矮秆、水田与旱田等多种形式的间作、套种模式，有效利用光温资源，实现永续发展。此外，以保障国家粮食安全和农民种植收入基本稳定为前提，在地下水漏斗区、重金属污染区、生态严重退化地区开展休耕试点。禁止弃耕、严禁废耕，鼓励农民对休耕地采取保护措施。

三、品种结构与区域布局

(一) 品种结构调整重点

1. 粮食。守住"谷物基本自给、口粮绝对安全"的底线，坚持有保有压，排出优先序，重点是保口粮、保谷物，口粮重点发展水稻和小麦生产，优化玉米结构，因地制宜发展食用大豆、薯类和杂粮杂豆。

——水稻：稳面积与提品质并举，杂交稻与常规稻并重。

稳面积与提品质并举。巩固北方粳稻产区，稳定南方双季稻生产，扩大优质稻种植面积，促进提质增效。到2020年，水稻面积稳定在4.5亿亩，优质稻比例达到80%。

杂交稻与常规稻并重。发挥我国杂交水稻育种技术优势，加快选育高产优质高抗杂交稻新品种，稳定杂交稻面积，促进单产提高、品质提升。利用现代育种技术，加快常规稻品种提纯复壮，降低用种成本，发挥常规稻品质优势，提升种植效益。

——小麦：稳定冬小麦、恢复春小麦，抓两头、带中间。

稳定冬小麦、恢复春小麦。稳定黄淮海、长江中下游等主产区冬小麦。结合建立合理轮作体系，在东北冷凉地区、内蒙古河套地区、新疆天山北部地区等，适当恢复春小麦。到2020年，小麦面积稳定在3.6亿亩左右，其中冬小麦稳定在3.3亿亩。

抓两头、带中间。"抓两头"，大力发展市场紧缺的用于加工面包的优质强筋小麦和加工饼干蛋糕的优质弱筋小麦。"带中间"，带动用于加工馒头、面条的中筋或中强筋小麦品质提升。

——玉米：调减籽粒玉米，扩大青贮玉米，适当发展鲜食玉米。

调减籽粒玉米。巩固提升玉米优势区，适当调减非优势区，重点是调减东北冷凉区、北方农牧交错区、西北风沙干旱区春玉米，以及黄淮海地区低产的夏玉米面积，大力推广适合籽粒机收品种，推进全程机械化生产。到2020年，玉米面积稳定在5亿亩左右，重点是调减"镰刀弯"地区玉米面积5000多万亩。

扩大青贮玉米。根据以养带种、以种促养的要求，因地制宜发展青贮玉米，提供优质饲料来源，就地过腹转化增值。到2020年，青贮玉米面积达到2500万亩。

适当发展鲜食玉米。适应居民消费升级的需要，扩大鲜食玉米种植，为居民提供营养健康的膳食纤维和果蔬。到2020年，鲜食玉米面积达到1500万亩。

——大豆：粮豆轮作、恢复面积，改善品质、提高效益。

粮豆轮作、恢复面积。因地制宜开展粮豆轮作，在东北地区推广玉米大豆轮作模式，在黄淮海地区推广玉米大豆轮作、麦豆一年两熟或玉米大豆间套作，适当恢复大豆种植面积。到2020年，大豆面积达到1.4亿亩、增加4000万亩左右。

改善品质、提高效益。根据我国居民的饮食习惯和大豆市场供求现状，东北地区扩大优质食用大豆面积，稳定油用大豆面积。黄淮海地区以优质高蛋白食用大豆为重点，适当恢复面积。加快科技创新、加大政策扶持，推进经营体制创新，实现增产增效、节本增效、提质增效。实现国产大豆与国外高油大豆的错位竞争，满足国民对健康植物蛋白的消费需求。

——薯类杂粮：扩大面积、优化结构，加工转化、提质增效。

扩大面积、优化结构。适当调减"镰刀弯"地区玉米面积，改种耐旱耐瘠薄的薯类、杂粮杂豆，满足市场需求，保护生态环境。到2020年，薯类杂粮种植面积达到2.3亿亩左右。

加工转化、提质增效。按照"营养指导消费、消费引导生产"的要求，开发薯类杂粮营养健康、药食同源的多功能性，广泛应用于主食产品开发、酿酒酿造、营养保健、精深加工等领域，推进规模种植和产销衔接，实现加工转化增值，带动农民增产增收。

2. 棉花。稳定面积、双提增效。

稳定面积。受种植效益下降等因素影响，棉花生产向优势区域集中、向盐碱滩涂地和沙性旱地集中、向高效种植模式区集中，在已有的西北内陆棉区、黄河流域棉区、长江流域棉区"三足鼎立"的格局下，提升新疆棉区，巩固沿海沿江沿黄环湖盐碱滩涂棉区。到2020年，棉花面积稳定在5000万亩左右，其中新疆棉花面积稳定在2500万亩左右。

双提增效。着力提高单产、提升品质、增加效益。加快选育耐盐碱、抗性强、宜机收的高产棉花品种，集成配套棉花生产机械移栽收获等技术。同时，解决棉花"三丝"等异性纤维，以及机收杂质、纤维长度和强度降低等品质问题，实现增产增效、节本增效、提质增效。

3. 油料。两油为主，多油并举。

两油为主。重点发展油菜和花生生产。稳定长江流域油菜、花生面积和黄淮海花生面积，因地制宜扩大东北农牧交错区花生面积。到2020年，油菜面积稳定在1亿亩左右，花生面积稳定在7000万亩左右。

多油并举。因地制宜发展耐旱耐盐碱耐瘠薄的油葵、芝麻、胡麻等小宗油料作物，积极发展高油玉米。在适宜地区示范推广油用牡丹、油莎豆等，增加新油源。充分利用棉籽、米糠等原料，开发食用植物油。

4. 糖料。稳定面积、双提双增。

稳定面积。通过完善甘蔗价格形成机制，集成配套以机械收割等为主的节本增效技术，调动农民种植甘蔗积极性。重点是稳定广西、云南等优势产区，适当调减不具备比较优势的甘蔗产区。到2020年，糖料面积稳定在2400万亩左右，其中甘蔗面积稳定在2100万亩左右。

双提双增。着力提高单产、提高含糖率、增加产量、增加效益。加快选育高产高糖抗逆及适宜机械收割的新品种，大力推广甘蔗脱毒健康种苗，集成配套轻简高效栽培技术模式，提高单产、提高品质、增加效益。

5. 蔬菜。稳定面积、保质增效、均衡供应。

稳定面积。统筹蔬菜优势产区和大中城市"菜园子"生产，巩固提升北方设施蔬菜生产，稳定蔬菜种植面积。到2020年，蔬菜面积稳定在3.2亿亩左右，其中设施蔬菜达到6300万亩。

保质增效。重点是推广节水环保和绿色防控等技术，建立系统完整的从田间到餐桌产品质量追溯体系，确保蔬菜产品质量安全。提升设施农业的防护能力，推广肥水一体和小型作业机械，因地制宜推广智能监控和"互联网+"等现代技术，实现增产增效、节本增效。

均衡供应。统筹南菜北运蔬菜基地和北方设施蔬菜生产，发展春提早和秋延后以及越冬蔬菜生产。完善流通设施，加强产地冷链建设，着力解决蔬菜供应时空分布不均的矛盾，实现周年均衡供应。

6. 饲草作物。以养带种、多元发展。

以养带种。根据养殖生产的布局和规模，因地制宜发展青贮玉米等优质饲草饲料，逐步建立粮经饲三元结构。到2020年，青贮玉米面积达到2500万亩，苜蓿面积达到3500万亩。

多元发展。北方地区重点发展优质苜蓿、青贮玉米、饲用燕麦等饲草，南方地区重点发展黑麦草、三叶草、狼尾草、饲用油菜、饲用苎麻、饲用桑叶等。

(二) 区域布局调整重点

综合考虑自然生态条件、生产发展现状、结构调整潜力，明确六大区域的调整重点和方向。

1. 东北地区。

——区域特点。本区地域辽阔，耕地面积大。松嫩平原、三江平原和辽河平原位于本区核心位置，耕地肥沃且集中连片，适宜农业机械耕作。雨量充沛，年降水量500—700毫米，无霜期80—180天，初霜日在9月上、中旬，≥10℃积温1300—3700℃，日照时数2300—3000小时，雨热同季，适宜农作物生长，是我国条件最好的一熟制作物种植区和商品粮生产基地。区内光温水热条件可以满足春小麦、玉米、大豆、粳稻、马铃薯、花生、向日葵、甜菜、杂粮、杂豆及温带瓜果蔬菜的种植需要。进入新世纪以来，本区种植业生产专业化程度迅速提高，成为我国重要的玉米和粳稻集中产区。与此同时，其他作物的面积不断减少，尤其是传统优势作物大豆的种植面积不断缩减。由于气候和品种原因，本区粮食生产在一定程度上存在专用品种少、市场竞争力不强的现象。

——调整方向：突出"稳、减、扩、建"四字要领，即稳定水稻面积，调减玉米面积，扩种大豆、杂粮、薯类和饲草作物，构建合理轮作制度。

稳定水稻面积。稳定三江平原、松嫩平原等优势产区的水稻面积。加快大中型灌区续建配套和节水改造，特别是加大"两江一湖"（黑龙江、乌苏里江、兴凯湖）水利工程建设力度，改进水稻灌溉方式，扩大自流灌溉面积，减少井灌面积，控制地下水开采。到2020年，东北地区水稻自流灌溉面积比例达到2/3左右。

调减玉米面积。调减黑龙江北部、内蒙古呼伦贝尔等第四、五积温带，以及农牧交错带的玉米种植面积。到2020年，调减籽粒玉米面积3000万亩以上。

扩种大豆杂粮薯类和饲草作物。调减的玉米面积改种大豆、春小麦、杂粮杂豆及青贮玉米等作物。其中，2020年大豆面积达到8100万亩，青贮玉米面积达到1000万亩。

构建合理轮作制度。在黑龙江、内蒙古第四、五积温带推行玉米大豆、小麦大豆、马铃薯大豆轮作，在黑龙江南部、吉林和辽宁东部地区推行玉米大豆轮作，在东北的农牧交错区推行"525轮作"（即5年苜蓿、2年玉米、5年苜蓿），在大兴安岭沿麓地区推行小麦油菜轮作，实现用地养地相结合，逐步建立合理的轮作体系。

此外，该区域要在大中城市因地制宜发展日光温室大棚等设施蔬菜，提高冬春淡季蔬菜自给率。

2. 黄淮海地区。

——区域特点。本区位于秦岭—淮河线以北、长城以南的广大区域，属温带大陆季风气候，农业生产条件较好，土地平整，光热资源丰富。年降水量500—800毫米，≥10℃积温4000—4500℃，无霜期175—220天，日照时数2200—2800小时，可以两年三熟到一年两熟，是我国冬小麦、玉米、花生和大豆的优势产区和传统棉区，是应季蔬菜和设施蔬菜的重要产区。水资源不足、地下水超采、耕地数量和质量下降是本区农业生产的主要限制因素。北京、天津两大直辖市位于本区，京津冀协同发展对本区农业生产结构有着特殊要求。

——调整方向：稳字为重，压保并进，粮经饲统筹。

稳字为重。本区是我国重要的粮棉油菜饲生产基地，形成了一套成熟的耕作制度和种植模式。重点是稳定小麦面积，完善小麦/玉米、小麦/大豆（花生）一年两熟种植模式，搞好茬口衔接，大力发展优质强筋小麦。稳定蔬菜面积，扩大青贮玉米面积。到2020年，小麦面积稳定在2.4亿亩，玉米面积稳定在1.6亿亩，蔬菜面积稳定在1亿亩。

压保并进。在稳步提升粮食产能的前提下，适度调减华北地下水严重超采区小麦种植面积，改种耐旱耐盐碱的棉花和油葵等作物，扩种马铃薯、苜蓿等耐旱作物。保持滨海盐碱地、滩涂地棉花面积稳定。

粮经饲统筹。统筹粮棉油菜饲生产，适当扩种花生、大豆、饲草。到2020年，花生面积稳定在3700万亩以上，大豆面积达到4000万亩，苜蓿面积达到500万亩。

3. 长江中下游地区。

——区域特点。本区属亚热带季风气候，水热资源丰富，河网密布，水系发达，是我国传统的鱼米之乡。年降水量800—1600毫米，无霜期210—300天，≥10℃积温4500—5600℃，日照时数2000—2300小时，耕作制度以一年两熟或三熟为主，大部分地区可以发展双季稻，实施一年三熟制。耕地以水田为主，占耕地总面积的60%左右。种植业以水稻、小麦、油菜、棉花等作物为主，是我国重要的粮、棉、油生产基地。本区是我国稻麦两熟的主产区，粳稻与小麦两熟季节紧，上下茬之间如何协调以实现周年高产是当前的主要问题。

——调整方向："两稳一提"，即稳定双季稻面积，稳定油菜面积，提升品质。

稳定双季稻面积。推广水稻集中育秧和机插秧，提高秧苗素质，减轻劳动强度，保持双季稻面积稳定。规范直播稻发展，减少除草剂使用，规避倒春寒、寒露风等灾害，修复稻田生态，因地制宜发展再生稻。到2020年，双季稻面积稳定在1.1亿亩。

稳定油菜面积。加快选育推广生育期短、宜机收的油菜品种，做好茬口衔接。开发利用冬闲田，扩大油菜种植。加快选育不同用途的油菜品种，积极拓展菜用、花用、肥用、饲用等多种功能。到2020年，油菜面积稳定在6000万亩。

提升品质。选育推广生育期适中、产量高、品质好的优质籼稻和粳稻品种，组装配套技术模式，合理安排茬口。选育推广高产优质的弱筋小麦专用品种，集成配套高产高效技术模式，因地制宜扩种优质弱筋小麦，增加市场供应。推广"双低"油菜，提高油菜籽品质。

此外，开发利用沿海沿江环湖盐碱滩涂资源种植棉花，开发冬闲田扩种黑麦草等饲草作物。

4. 华南地区。

——区域特点。本区大部分属于南亚热带湿润气候，是我国水热资源最丰富的地区，年降水量1300—2000毫米，无霜期235—340天，≥10℃积温6500—9300℃，日照时数1500—2600小时。南部属热带气候，终年无霜，可一年三熟。本区人口密集，人均耕地少。耕地以水田为主；地形复杂多样，河谷、平原、山间盆地、中低山交错分布，是我国重要的热带水果、甘蔗和反季节蔬菜产区，产品销往港澳地区。传统粮食作物以水稻为主，兼有鲜食玉米，近年马铃薯发展较快。油料作物以花生为主。

——调整方向："两稳一扩"，即稳定水稻面积、稳定糖料面积、扩大冬种面积。

稳定水稻面积。稳定双季稻面积，集成推广集中育秧、机插秧及抛秧等关键技术，提高生产组织化程度；选育推广优质籼稻，着力改善稻米品质，推进稻米加工转化，提高市场竞争能力。因地制宜发展再生稻。到2020年，水稻面积稳定在7500万亩。

稳定糖料面积。推广应用脱毒健康种苗，加强"双高"蔗田基础设施建设，推动生产规模化、专业化、集约化，加快机械收获步伐，大力推广秋冬植蔗，深挖节本增效潜力，促进稳定发展。

扩大冬种面积。充分利用冬季光温资源，开发冬闲田，扩大冬种马铃薯、玉米、蚕豌豆、绿肥和饲草作物等，加强南菜北运基地基础设施建设，实现错季上市、均衡供应，增加农民收入。

5. 西南地区。

——区域特点。本区地处我国长江、珠江等大江大河的上游生态屏障地区，地形复杂，山地、丘陵、盆地交错分布，垂直气候特征明显，生态类型多样，冬季温和，生长季长，雨热同季，适宜多种作物生长，有利于生态农业、立体农业的发展。年降水量800—1600毫米，无霜期210—340天，≥10℃积温3500—6500℃，日照时数1200—2600小时，主要种植玉米、水稻、小麦、大豆、马铃薯、甘薯、油菜、甘蔗、烟叶、苎麻等作物，是我国重要的蔬菜和中药材生产区域。本区主要制约因素是土地细碎，人地矛盾紧张，石漠化、水土流失、季节性干旱等问题突出，坡耕地比重大，不利于机械作业。

——调整方向：稳粮扩经、增饲促牧，间套复种、增产增收。

稳粮扩经、增饲促牧。因地制宜推广轻简栽培及小型机具，稳定水稻、小麦生产，发展再生稻，稳定藏区青稞面积，扩种马铃薯和杂粮杂豆。推广油菜育苗移栽和机械直播等技术，扩大优质油菜生产。对坡度25°以上的耕地实行退耕还林还草，调减云贵高原非优势区玉米面积，改种优质饲草，发展草食畜牧业。到2020年，水稻面积稳定在6700万亩，小麦面积稳定在

2900万亩，玉米面积稳定在5500万亩，油菜面积达到3300万亩。

间套复种、增产增收。发挥光温资源丰富、生产类型多样、种植模式灵活的优势，推广玉米/大豆、玉米/马铃薯、玉米/红薯间套作等生态型复合种植，合理利用耕地资源，提高土地产出率，实现增产增收。

6. 西北地区。

——区域特点。本区大部分位于我国干旱、半干旱地带，土地广袤，光热资源丰富，耕地充足，人口稀少，增产潜力较大。但干旱少雨，水土流失和土壤沙化现象严重。年降水量小于400毫米，无霜期100—250天，初霜日在10月底，≥10℃积温2000—4500℃，日照时数2600—3400小时。农业生产方式包括雨养农业、灌溉农业和绿洲农业，是我国传统的春小麦、马铃薯、杂粮、春油菜、甜菜、向日葵、温带水果产区，是重要的优质棉花产区。

——调整方向：稳夏优秋、稳棉保供、特色增效。

稳夏优秋。以推广覆膜技术为载体，顺应天时、趋利避害，稳定小麦等夏熟作物，积极发展马铃薯、春小麦、杂粮杂豆，因地制宜发展青贮玉米、苜蓿、饲用油菜、饲用燕麦等饲草作物。

稳棉保供。推进棉花规模化种植、标准化生产、机械化作业，提高生产水平和效率。发挥新疆光热和土地资源优势，推广膜下滴灌、水肥一体等节本增效技术，积极推进棉花机械采收，稳定棉花种植面积，保证国内用棉需要。到2020年，棉花面积稳定在2500万亩以上。

特色增效。积极发展特色杂粮杂豆，扩种特色油料，增加市场供应，促进农民增收。充分利用西北地区光热资源优势，加强玉米、蔬菜、脱毒马铃薯、苜蓿等制种基地建设，满足生产用种需要。

四、推进种植业结构调整的政策措施

种植业结构调整是一项系统工程，需要加强顶层设计，搞好规划指导，构建上下联动、协同推进的工作机制。同时，要强化项目支撑和政策扶持，调动地方政府和农民群众的积极性。

（一）完善农产品价格政策。统筹考虑水稻、小麦、玉米、大豆、油料、棉花等作物的比较效益，健全完善主要农产品价格形成机制，释放价格信号，引导农民按照市场需求调整优化种植结构。坚持实施稻谷、小麦最低收购价政策，保持价格基本稳定。完善玉米收储政策，玉米价格要反映市场供求关系，调节生产与需求，落实好玉米生产补贴，保持优势区玉米种植收益基本稳定。合理确定大豆目标价格水平，改进补贴方式，提早公布年度目标价格。完善油菜籽、食糖收储和棉花目标价格政策。

（二）建立合理轮作补助政策。整合项目资金，加大补助力度，支持各地因地制宜推行耕地轮作模式，逐步建立粮豆轮作、粮经轮作、粮饲轮作等耕地轮作制度，促进农业可持续发展。扩大粮改饲试点范围，以养带种，农牧结合，促进饲草生产与畜牧养殖协调发展。此外，在地下水漏斗区、重金属污染区和生态严重退化地区开展耕地休耕制度试点，合理确定补助标准。

（三）加强高标准农田建设。实施"藏粮于地"战略，加快实施《全国高标准农田建设总体规划》《全国新增千亿斤粮食生产能力规划》，加大资金投入，加快建设集中连片、旱涝保收、稳产高产、生态友好的高标准农田，优先建设口粮田。强化耕地质量保护与提升，开展土壤改良、地力培肥和养分平衡，防止耕地退化，提高地力水平。抓好东北黑土地退化区、南方土壤酸化区、北方土壤盐渍化区综合治理，保护和提升耕地质量。

（四）推进农业科技创新。实施"藏粮于技"战略，加强农业关键共性技术研究，在节本降耗、节水灌溉、农机装备、绿色投入品、重大生物灾害防治、秸秆综合利用等方面取得一批重大实用技术成果。推进种业科技创新，深入推进种业科研成果权益分配改革，探索科研成果权益分享、转移转化和科研人员分类管理机制。全面推进良种重大科研联合攻关，创新育种方法和技术，改良育种材料，加快培育和推广一批高产优质多抗适宜机收的突破性新品种，加快主要粮食作物新一轮品种更新换代。加大现代种业提升工程实施力度，改善种业育种创新装备条件。推进技术集成创新，深入开展绿色高产高效创建和模式攻关，集成组装一批高产高效、资源节约、生态环保的技术模式，示范带动均衡增产和可持续发展。

（五）提升农机装备水平。发挥农业机械在结构调整中集成技术、节本增效、推动规模经营的重要作用。开展新型高效农业机械研发，推广一批适宜不同区域、不同作物、不同环节的新机具。促进农机农艺融合，着力解决水稻机插和玉米、油菜、甘蔗、棉花、花生、马铃薯等机播机收突出问题，加大蔬菜、饲草生产机械装备研发和示范应用，提高生产机械化水平。推进主要农作物生产全程机械化，探索总结全程机械化的技术路径、技术模式、机具配套、操作规程及服务方式。

（六）完善金融保险政策。加大金融保险对种植业结构调整的支持力度。发挥财政投入的杠杆作用，通过补贴、贴息等方式，撬动金融资本、社会资本进入，形成多方投入的机制。加快建立农业信贷担保体系，解决新型经营主体融资难问题。扩大农业政策性保险覆盖面，稳步提高保障水平。探索开展农产品价格保险试点。

（七）加大生态保护力度。打好农业面源污染攻坚战，努力实现"一控两减三基本"的目标。推进农业节水增效，发展旱作农业、节水农业和雨养农业，重点推广水肥一体化技术，提高水资源和肥料利用率。推进化肥农药减量增效，推广精准施肥施药技术和高效施肥施药机械，推广有机肥替代化肥、高效低毒低残留及生物农药替代高毒高残留农药等技术。推进测土配方施肥和病虫害统防统治，提高化肥、农药利用率。推进农业废弃物资源化利用，建立农业废弃物肥料化、饲料化、能源化、基料化、原料化"五化"综合利用体系。开展地膜总量和区域控制及区域性残膜回收利用示范，创新地膜回收与再利用机制。

（八）强化农产品市场调控。加强对主要农产品生产、消费、进出口、储运等重点环节的监测，建立健全中长期供求总量平衡机制、市场监测预警机制、信息会商机制和信息发布机制。完善主要农产品储备调控体系，优化储备布局，建立吞吐轮换机制。加强进出口调控，根据国内外市场供求情况，把握好农产品进口节奏、规模、时机。统筹谋划农产品进出口，科学确定优势的出口产品和紧缺的进口产品，合理布局国际产能，建立海外稳定的重要农产品原料生产基地，增强国际市场话语权。

农业部解读《全国种植业结构调整规划（2016—2020年）》

（摘自中华人民共和国中央人民政府网站）

为贯彻落实中央1号文件精神，扎实推进农业供给侧结构性改革，努力提高农业供给体系的质量和效率，近日，农业部印发了《全国种植业结构调整规划（2016—2020年）》（以下简称《规划》），对当前和今后一个时期种植业结构调整进行了具体安排部署。4月28日，农业部种植业管理司相关负责人就《规划》有关情况作了简要说明并对重点问题作出了解读。并解答了记者关注的具体问题。

第一，关于种植业结构调整的重要性和紧迫性

新形势下，农业的主要矛盾已由总量不足转变为结构性矛盾，主要表现为阶段性、结构性的供过于求与供给不足并存。推进农业供给侧结构性改革，提高农业供给体系质量和效率，是当前和今后一个时期农业农村经济的重要任务。当前，我国农业发展环境正发生深刻变化，老问题不断积累，新矛盾不断涌现，还面临着品种结构不平衡、资源环境约束压力加大、消费结构升级、产业融合程度加深、国内外市场联动增强等困难和挑战。面对新形势、新挑战，必须主动作为、顺势而为，加快优化调整种植业结构，推动种植业转型升级，促进农业可持续发展。

第二，关于种植业结构调整的思路、原则和目标任务

在总体思路上，"十三五"时期，种植业结构调整以发

展新理念为统领，实施新形势下国家粮食安全战略和藏粮于地、藏粮于技战略，坚持市场导向、科技支撑、生态优先，转变发展方式，加快转型升级，巩固提升粮食产能，推进种植业结构调整，优化品种结构和区域布局，构建粮经饲统筹、农牧结合、种养加一体、一二三产业融合发展的格局，走产出高效、产品安全、资源节约、环境友好的农业现代化道路。

在基本原则上，做到"六个坚持"。即坚持底线思维、确保粮食安全，坚持市场导向、推进产业融合，坚持突出重点、做到有保有压，坚持创新驱动、注重提质增效，坚持生态保护、促进持续发展，坚持着眼全球、统筹两个市场。

在发展目标上，实现"两保、三稳、两协调"。"两保"，即保口粮、保谷物，"三稳"，即稳定棉花、食用植物油、食糖自给水平，"两协调"，即蔬菜生产与需求协调发展，饲草生产与畜牧养殖协调发展。

在调整任务上，主要是"四个构建"，即构建粮经饲协调发展的作物结构、构建适应市场需求的品种结构、构建生产生态协调的区域结构、构建用地养地结合的耕作制度。

第三，关于品种结构与区域布局的总体考虑

品种结构和区域布局是《规划》的核心内容。综合考虑资源禀赋、生态条件、产业基础、种植效益、市场需求等因素，进一步优化品种结构和区域布局。

从品种结构调整看。粮食，重点是保口粮、保谷物，口粮重点发展水稻和小麦，优化玉米结构，因地制宜发展食用大豆、薯类和杂粮杂豆。棉花，重点是稳定面积、提高单产、提升品质、增加效益。油料，两油为主、多油并举，重点发展油菜和花生，因地制宜发展耐旱耐盐碱耐瘠薄的油葵、芝麻、胡麻等小宗油料作物。糖料，稳定面积、双提双增（提高单产、提高含糖率，增加产量、增加效益）。蔬菜，稳定面积、保质增效、均衡供应。饲草作物，以养带种、多元发展，根据养殖生产的布局和规模，重点发展青贮玉米，因地制宜发展优质苜蓿、饲用燕麦、黑麦草、饲用油菜等优质饲草饲料，逐步建立粮经饲三元结构。

从区域布局调整看。

东北地区，重点是"稳、减、扩、建"四字要领，即稳定水稻、调减非优势区玉米、扩种大豆杂粮薯类和饲草作物，构建合理轮作制度。

黄淮海地区，重点是稳字为重，压保并进，粮经饲统筹，稳定小麦、蔬菜面积，适度调减华北地下水严重超采区小麦、改种耐旱耐盐碱的棉花、油葵和马铃薯，适当调减低产的夏玉米面积、扩种花生、大豆和饲草作物。

长江中下游地区，重点是"两稳一提"，即稳定双季稻面积、稳定油菜面积，发展优质弱筋小麦和双低油菜，提升品质。开发利用沿海沿江环湖盐碱滩涂资源种植棉花，开发冬闲田扩种饲草作物。

华南地区，重点是"两稳一扩"，即稳定水稻面积、稳定糖料面积，扩大冬种面积。

西南地区，重点是稳粮扩经、增饲促牧，间套复种、增产增收。稳定水稻、小麦和藏区青稞，扩种马铃薯和杂粮杂豆，扩大优质油菜生产，调减云贵高原非优势区玉米，改种优质饲草，推广间套作生态型复合种植，提高土地产出率，促进增产增收。

西北地区，重点是稳夏优秋、稳棉保供、特色增效。稳定小麦等夏熟作物，积极发展马铃薯、春小麦、杂粮杂豆，因地制宜发展青贮玉米、苜蓿等饲草作物。稳定棉花种植，发展特色小宗粮油作物。加强玉米、蔬菜、马铃薯、苜蓿等制种基地建设。

第四，关于推进种植业结构调整的政策措施

种植业结构调整是一项系统工程，需要加强顶层设计、搞好规划指导，也需要强化项目支撑和政策扶持。《规划》提出了7个方面的政策措施，包括完善农产品价格政策、建立合理轮作补助政策、加强高标准农田建设、推进农业科技创新、提升农机装备水平、完善金融保险政策、加大生态保护力度、强化农产品市场调控等。

去年下半年以来，各级农业部门以高度的自觉、坚定的信心、创新的理念，聚焦重点发力、强化指导服务、狠抓措施落实，有力有序推进种植结构调整，取得了初步成效。据各地反映和农业部农情调度分析，今年玉米结构调整已有良好开局。预计全年玉米种植面积呈减少趋势，特别是库存压力最大的黑龙江省调减玉米面积较多，大豆面积恢复性增加。

重点问题

一、《全国种植业结构调整规划（2016—2020年）》的几个特点

《全国种植业结构调整规划（2016—2020年）》是在全面

建成小康社会决胜阶段编制的 5 年规划，为当前和今后一个时期指导各地结构调整设计了路线、勾画了蓝图，具有 4 个鲜明的特点。

一是保持连续性。回顾过去，上一次编制印发种植业结构调整规划是在 1999 年。当时农业部编制了《种植业生产结构调整"十五"计划和 2015 年规划》，着眼于中短期和中长期发展，提出了"十五"时期和未来 15 年种植业结构调整的战略目标及基本思路。之后，分别于 2003—2007 年、2008—2015 年，先后实施了两轮粮棉油糖等优势农产品区域布局规划，主要是根据农产品供求形势和区位发展优势，突出分品种的区域布局和产业带建设。时隔 17 年，我们又编制了《全国种植业结构调整规划》，这个规划的规划期是着眼于"十三五"，也就是 2016—2020 年，从时间上与上一轮种植业结构调整规划相衔接，与粮棉油糖等主要农产品优势区域布局规划也作了很好的衔接，保持了种植业发展规划设计上的连续性。

二是突出针对性。粮食"十二连增"后，供求关系得到改善，目前粮食总量问题不大，最大的问题是结构性问题。新形势下，农业主要矛盾已由总量不足转变为结构性矛盾，主要表现为阶段性的供过于求和供给不足并存。一些供给没有很好的适应需求变化，大豆缺口很大，而玉米增产超过了需求增长，牛奶难以满足消费者对质量、信誉保障的要求。可以讲，这一轮种植结构调整规划有保有压，有取有舍，稳定水稻小麦等口粮品种，调减库存压力大的玉米，发展市场需求的大豆、杂粮杂豆、马铃薯、优质饲草等产品。不仅是在农产品数量上作努力，更是在改善结构、提高质量效益上下功夫，加法减法一起做,打好结构调整的"组合拳"。

三是注重引领性。《规划》从品种结构和区域布局两个方面,勾画出了种植业结构调整的调整方向和技术路径。从品种结构看,对粮、棉、油、糖、菜、饲6类产品分别提出结构调整的方向和重点,粮食又细化为水稻、小麦、玉米、大豆、薯类杂粮。比如,《规划》中提出水稻稳面积与提品质并举,杂交稻与常规稻并重;小麦稳定冬小麦、恢复春小麦,在品质上抓两头、带中间;玉米巩固提升优势产区、适当调减非优势区,调减籽粒玉米、扩大青贮玉米、适当发展鲜食玉米;大豆粮豆轮作、恢复面积、改善品质、提高效益。从区域布局看,明确了东北地区、黄淮海地区、长江中下游地区、华南地区、西南地区、西北地区6大区域粮棉油糖菜饲的调整重点和方向。

四是坚持整体性。立足我国国情、农情和粮情,在内部结构上,构建粮经饲三元结构,《规划》调整的主要作物是粮食、棉花、油料、糖料、蔬菜及饲草作物,首次把饲草纳入种植业结构调整统筹考虑。在发展布局上,《规划》提出构建粮经饲协调发展的作物结构(粮食作物、经济作物、饲草作物的发展方向),构建适应市场需求的品种结构(重点发展优质农产品、专用农产品和特色农产品),构建生产生态协调的区域结构(提升主产区、建立功能区、建立保护区),构建用地养地结合的耕作制度(根据不同区域的资源条件和生态特点建立耕地轮作制度,促进可持续发展)。在产业融合上,以关联产业转型升级为契机,推进农牧结合,发展农产品加工业,拓展农业多功能,构建粮经饲统筹、种养加一体、一二三产业融合发展的格局。

二、与上几轮结构调整相比，这一轮种植业结构调整有何不同

回顾历史，改革开放以来，我国农业结构调整大体经历了四轮。第一轮，是上世纪80年代中期，当时家庭联产承包后，粮食连续多年丰收，出现了相对过剩，但棉油糖、果菜茶等非粮食产品较为短缺，结构调整的重点是压粮扩经。第二轮，是上世纪90年代初期，农产品综合生产能力普遍提高，1991年出现了以南方早籼稻为主的"卖粮难"现象，但优质农产品价格较高、销路较好，这轮结构调整的重点是发展高产、优质、高效的"三高"农业。第三轮，是上世纪90年代末，粮食产量创历史新高（1998年达到10246亿斤），有3年产量超过1万亿斤，"卖粮难"再次出现，国家实施战略性结构调整，水稻、小麦、玉米三大主粮面积大幅调减。1998—2003年，五年粮食面积从17.1亿亩降至14.9亿亩，减少2.2亿亩，这是新中国成立以来，粮食面积减幅最大的一次，也是影响最深的一次。

第四轮，就是这一轮结构调整，与前几轮结构调整的重点不同。新形势下，农业的主要矛盾已由总量不足转变为结构性矛盾，推进农业供给侧结构性改革，加快转变农业发展方式，是当前和今后一个时期农业农村经济的重要任务。从三大主粮看，稻谷平衡略余，小麦基本平衡，玉米阶段性供大于求。因此这一轮结构调整的重点，在品质上，是稳定稻谷小麦等口粮品种面积的同时，优化品质结构，满足市场需求；在数量上，重点是调减非优势区玉米面积。

三、农业部对推进玉米结构调整已开展的主要工作

今年以来，农业部紧紧围绕转方式、调结构的工作主线，

坚持绿色发展、提质增效，聚焦调减"镰刀弯"地区的非优势区玉米面积。各地推进玉米结构调整认识一致、态度坚决、措施扎实，据各地反映和农业部农情调度分析，今年玉米结构调整势头好于预期，任务落实超出预期，各项工作进展顺利，玉米结构调整已有良好开局。

一是加强顶层设计，搞好规划引导。针对粮食连年增产后供求形势发生的新变化，农业部及早分析研判，加强顶层设计，提出应对措施。在深入调研的基础上，编制了《全国种植业结构调整规划（2016—2020年）》，提出品种结构和区域布局的调整意见，加快构建粮经饲统筹、农牧结合、种养加一体、一二三产业融合的现代农业发展格局。当前，粮食库存多，主要是玉米多，玉米是种植业结构调整的重点。去年11月，农业部制定了《"镰刀弯"地区玉米结构调整的指导意见》，提出到2020年调减玉米面积5000万亩以上，今年调减1000万亩以上。目前我国大豆严重短缺，近日农业部常务会议专题研究促进大豆生产发展问题，制定下发了《关于促进大豆生产发展的指导意见》，通过优化区域布局、狠抓政策落实、推进科技创新，力争到2020年大豆面积达到1.4亿亩，增加4000万亩。各地结合实际，主动作为，顺势而为，制定种植业尤其是玉米结构调整的具体方案。

二是强化组织推动，及早安排部署。调整农业结构，推进农业供给侧结构性改革，是今年农业农村经济发展的重大任务。去年底，农业部在全国农业工作会议上对农业结构调整作出部署，提出"提质增效转方式、稳粮增收可持续"的工作主线，并专门召开全国种植业结构调整工作会议，对种植业结构调整具体安排，重点落实玉米结构调整任务。今年2月，又召开全国春季田管暨春耕备耕工作视频会议，对玉米结构调整提出要求。同时，先后5次派出由部领导、司局级干部带队的工作组，赴东北、黄淮海等结构调整任务重的区域，督促检查米改豆、粮改饲等重点工作落实情况。各级农业部门组织近30万名机关干部和农技人员，深入生产一线，采取蹲点包片、进村入户等形式，切实帮助农民解决结构调整中的实际困难。4月26日，农业部召开全国种植结构调整暨粮豆轮作粮改饲推进工作视频会，对"镰刀弯"地区玉米结构调整、粮豆轮作、粮改饲等重点工作进行再动员再安排再落实。各地强化目标责任，层层分解任务，加力推进落实。结构调整任务最重的黑龙江省，已将玉米调减任务纳入省委组织部对县市党政主要领导干部绩效管理考核的指标体系。目前，相关省份已将任务落实到县市，落实到乡镇，落实到经营主体。

三是减法加法并举，聚焦重点发力。这一轮玉米结构调整，是巩固提升优势区产能，适当调减非优势区玉米种植面积。减法加法一起做，打好结构调整组合拳，既调减库存压力大的玉米，又增加市场紧缺的农产品。做好"减法"，重点调减东北第四五积温带、北方农牧交错区、西北风沙干旱区、西南石漠化区等"镰刀弯"地区的非优势区玉米。去年以来，农业部多次与"镰刀弯"地区特别是东北四省区，逐省对接玉米调减任务。同时，按照中央1号文件要求，会同有关部门探索实行耕地轮作休耕制度试点，拟在地下水漏斗区、重金属污染区、生态严重退化地区开展休耕试点。做好"加法"，积极引导农民将调减下来的玉米面积，改扩种市场需要的大豆、杂粮杂豆、马铃薯、青贮玉米、优质饲草等作物。今年拟在东北四省区实施米改豆试点500万亩,推广"一主四辅"种植模式;在"三北"地区、干旱半干旱地区、农牧交错区的18个省(区),选择100个县开展粮改饲试点,以养带种,以种促养,大力发展草食畜牧业。

四是集成技术模式,狠抓指导服务。推进玉米结构调整,需要加大技术指导服务和示范引领。组织农业部专家指导组分区域、分作物制定了19个种植业结构调整技术方案,指导各地适应性地调、农牧结合地调、生态保护地调、种地养地结合地调、有保有压地调、围绕市场调。强化示范引领,在160多个粮食绿色高产高效创建县,率先落实玉米结构调整的集成技术模式。督促各地及早落实结构调整替代作物的种子及配套机械等物资,搞好余缺调剂,保证种植结构调整需要。农业部先后在黑龙江、吉林、辽宁、贵州、云南等省,组织开展7次结构调整技术培训,改变农民种植习惯,掌握相应栽培技术。5月份,结合开展"百乡万户"调查,组织机关干部和农技人员,深入结构调整的重点地区,搞好技术指导和服务,推进各项措施落实。

五是强化政策扶持,释放积极信号。调整优化玉米结构需要市场信息引导,更需要政策扶持,让农民愿意调、调得动、稳得住。今年,农业部会同财政部,整合30多亿元资金支持农业结构调整,重点用于"镰刀弯"地区粮改饲、粮豆轮作补助。积极配合国家发改委、财政部等部门,完善玉米收储政策,推进"市场化收购"加"补贴"改革。认真落实大豆目标价格政策,科学采价、合理测算,维护农民利益,引导扩种大豆。4月初，农业部召开新闻发布会，及时向社会介绍玉米结构调整情况，宣传解读玉米收储改革政策，让地方和农民了解政策内容和要求，指导各地合理安排种植结构。同时，派出3个由司局级干部带队的工作组，深入春耕生产一线，开展调研，宣讲政策。在《农民日报》开辟专栏，宣传各地玉米结构调整的好经验好做法，营造良好的舆论氛围。

四、今年中央出台的扶持种植业结构调整的政策

今年，在中央财力非常困难的情况下，农业部会同财政部整合30多亿元资金支持农业结构调整，重点用于"镰刀弯"地区粮豆轮作、粮改饲补助和开展耕地轮作休耕试点。

一是支持东北地区开展粮豆轮作。去年，农业部在黑龙江省北安市、赵光农场、尖山农场开展粮豆轮作试点，取得了良好成效。今年，扩大粮豆轮作试点范围，并给予资金扶持。拟安排500万亩的粮豆轮作任务，其中黑龙江250万亩、吉林和内蒙古各100万亩、辽宁50万亩。重点推广"一主四辅"种植模式，以玉米与大豆轮作为主，与马铃薯、饲草、杂粮杂豆、油料作物轮作为辅。

二是扩大粮改饲试点。在总结去年试点经验的基础上，今年粮改饲试点范围扩大到整个"镰刀弯"地区和黄淮海玉米主产区，试点县由30个增加到100个。粮改饲的资金到省、任务到省、责任到省，给予了地方充分的自主权。要求各相关省制定完善实施方案，细化政策落实原则，健全考核监督制度，确保完成500万亩的粮改饲任务。支持规模化牛羊养殖场、饲草料企业收储全株青贮玉米等优质饲草料。采取以养带种、种养结合的方式，开展青贮玉米、饲用燕麦、甜高粱等优质饲草作物

种植,由牛羊等草食家畜就地转化,推动构建粮经饲统筹、种养加一体、农牧结合的农业发展格局。

三是探索开展耕地休耕制度试点。实施耕地轮作休耕制度试点,是推进农业持续发展的重大举措,也是种植结构调整的重要内容。今年拟在地下水漏斗区、重金属污染区和生态严重退化地区率先开展试点,对休耕试点给予适当补助,探索季节性休耕、隔年休耕、连年休耕等不同的休耕模式。

全国现代农作物种业发展规划
（2012—2020年）

国务院办公厅关于印发全国现代农作物种业发展规划（2012—2020年）的通知

国办发〔2012〕59号

各省、自治区、直辖市人民政府，国务院各部委、各直属机构：

《全国现代农作物种业发展规划（2012—2020年）》已经国务院同意，现印发给你们，请认真贯彻执行。

国务院办公厅
2012年12月26日

国以农为本，农以种为先。我国是农业生产大国和用种大国，农作物种业是国家战略性、基础性核心产业，是促进农业长期稳定发展、保障国家粮食安全的根本。为贯彻落实《国务院关于加快推进现代农作物种业发展的意见》（国发〔2011〕8号）要求，结合实施《全国新增1000亿斤粮食生产能力规划（2009—2020年）》和《全国现代农业发展规划（2011—2015年）》，特制定本规划。

一、规划背景

（一）主要成效。改革开放特别是进入新世纪以来，我国农作物种业发展实现了由计划供种向市场化经营的根本性转变，取得了巨大成绩，为提高农业综合生产能力、保障农产品有效供给和促进农民增收作出了重要贡献，特别是为近年来实现粮食生产"九连增"发挥了重要作用。一是品种选育水平显著提升。成功培育并推广了超级杂交稻、紧凑型玉米、优质专用小麦、转基因抗虫棉、"双低"油菜等一大批突破性优良品种，主要农作物良种覆盖率提高到96%，良种在农业增产中的贡献率达到43%以上。二是良种供应能力稳步提高。建立了一批良种繁育基地，主要农作物商品化供种率提高到60%，其中杂交玉米和杂交水稻全部实现商品化供种。三是种子企业实力明显增强。"育繁推一体化"水平不断提高，农作物种业前50强企业的市场占有率提高到30%以上。四是法律法规和管理体系逐步完善。公布实施了种子法和植物新品种保护条例，绝大部分涉农县（市、区）成立了种子管理机构。

（二）发展形势。当前，我国正处在工业化、信息化、城镇化、农业现代化同步发展的新阶段，保障国家粮食安全和实现农业现代化对农作物种业发展的要求明显提高。随着全球经济一体化进程不断加快和生物技术迅猛发展，农作物种业国际竞争异常激烈。加快推进现代农作物种业发展，加强种业科技创新，培育和推广优良品种，已成为突破耕地和水等资源约束、加快现代农业发展、提升农业国际竞争力的迫切需要。

（三）存在的问题。我国农作物种业发展尚处于初级阶段，与发展现代农业的要求还不相适应。一是育种创新能力较低。育种材料深度评价不足，育种力量分散，育种方法、技术和模式落后，成果评价及转化机制不完善，育种复合型人才缺乏。

二是种子企业竞争能力较弱。企业数量多、规模小、研发能力弱，尚未建立商业化育种体系。三是种子生产水平不高。种子繁育基础设施薄弱，抗自然灾害风险能力差，机械化水平低，加工工艺落后。四是市场监管能力不强。种子管理力量薄弱，监管技术和手段落后，工作经费不足。五是种业发展支持体系不健全。种子法律法规不能完全适应农作物种业发展新形势的需要，财政、税收、信贷等政策扶持力度有待进一步强化。

二、总体要求

（四）指导思想。以邓小平理论、"三个代表"重要思想、科学发展观为指导，以发展现代农业、保障国家粮食安全和促进农民增收为目标，以体制改革和机制创新为动力，加强政策扶持，加大农作物种业投入，整合农作物种业资源，强化基础性公益性研究，推进商业化育种，完善法律法规，严格市场监管，快速提升我国农作物种业科技创新能力、企业竞争能力、供种保障能力和市场监管能力，努力构建与农业生产大国地位相适应、具有国际先进水平的现代农作物种业体系，全面提高我国农作物种业发展水平。

（五）基本原则。

——坚持机制创新。明确科研院所和高等院校是农作物种业基础性公益性研究的主体。建立以企业为主体的商业化育种新机制。鼓励科技资源向企业流动，促进产学研紧密结合，加强种业自主创新和国际合作。

——坚持企业主体。充分发挥种子企业在商业化育种、成果转化与应用等方面的主导作用。鼓励"育繁推一体化"种子企业整合农作物种业资源，通过政策引导带动企业和社会资金投入，推进"育繁推一体化"种子企业做大做强。

——坚持统筹兼顾。重点支持主要粮食作物种业发展，兼顾重要经济作物。重点加强国家级种子生产基地建设，兼顾区域级和县（场）级种子生产基地，确保种子生产总量和结构平衡。

——坚持扶优扶强。完善法律法规，营造统一开放、公平竞争的农作物种业发展环境。重点支持具有育种能力、市场占有率较高、经营规模较大的"育繁推一体化"种子企业，鼓励企业兼并重组，吸引社会资本和优秀人才流入企业。

（六）发展目标。

到2015年，初步形成科研分工合理、产学研结合的育种新机制，科研院所和高等院校基本完成与其所办种子企业"事企脱钩"；以西北、西南、海南为重点，初步建成国家级主要粮食作物种子生产基地，主要农作物良种覆盖率稳定在96%以上；培育一批"育繁推一体化"种子企业，前50强企业的市场占有率达到40%以上；种子法律法规更加完善，监管手段和条件显著改善，通过考核的种子检验机构年样品检测能力达到40万份，例行监测的种子企业覆盖率达到30%。

到2020年，形成科研分工合理、产学研紧密结合、资源集中、运行高效的育种新机制，发掘一批目标性状突出、综合性状优良的基因资源，培育一批高产、优质、多抗、广适和适应机械化作业、设施化栽培的新品种；建成一批标准化、规模化、集约化、机械化的优势种子生产基地，主要农作物良种覆盖率达到97%以上，良种在农业增产中的贡献率达到50%以上，商品化供种率达到80%以上；培育一批育种能力强、生产加工技术先进、市场营销网络健全、技术服务到位的"育繁推一体化"现代农作物种业集团，前50强企业的市场占有率达到60%以上；健全国家、省、市、县四级职责明确、手段先进、监管有力的种子管理体系，通过考核的种子检验机构年样品检测能力达到60万份以上，例行监测的种子企业覆盖率达到50%以上。

三、重点任务

（七）建立新型农作物种业科技创新体系。支持科研院所和高等院校从事农作物种业基础性公益性研究，引导和积极推进科研院所和高等院校逐步退出商业化育种，促进种子企业逐步成为商业化育种的主体。支持种子企业与科研院所、高等院校联合组建技术研发平台和产业技术创新战略联盟。

（八）加强种业基础性公益性研究。开展农作物种质资源普查、搜集、保护、鉴定、深度评价和重要功能基因发掘，建设种质资源共享平台，实现种质资源依法向社会开放。加强育种理论方法和分子育种、检测检疫、抗性鉴定、生产加工、信息管理等关键技术研究，制定和完善品种真实性、种子质量等检验检测技术标准。加强常规作物育种和无性繁殖材料选育及应用技术研发。

（九）构建以企业为主体的商业化育种体系。支持有实力的种子企业建立科研机构和队伍，构建商业化育种体系，培育具有自主知识产权的突破性优良品种，并率先在杂交玉米和杂交水稻领域取得重大突破。支持"育繁推一体化"种子企业整合育种力量和资源，加大科研投入，引进国内外高层次人才、先进育种技术、育种材料和关键设备，创新育种理念和研发模式，加快提升企业核心竞争力。

（十）做大做强种子企业。鼓励种子企业间的兼并重组，强强联合，实现优势互补、资源聚集；鼓励具备条件的种子企业上市募集资金。支持大型企业通过并购和参股等方式进入农作物种业；支持种子企业牵头或参与组织实施种业应用研究和产业化等项目。鼓励"育繁推一体化"种子企业开展自育品种试验，采用先进种子加工技术及装备，提升种子质量。引导企业建立新品种示范网络，完善种子市场营销、技术推广、信息服务体系，建立乡村种子连锁超市、配送中心、零售商店等基层销售网络，加强售后技术服务，延伸产业链条。推动种子企业建立现代企业制度，加强企业文化和品牌建设，强化企业自律，积极承担社会责任。

（十一）加强种子生产基地建设。分区域、分作物建设优势种子生产基地，按照土地利用总体规划，将生产基地内的耕地划入基本农田，实行永久保护，确保种子生产长期稳定。支持种子企业建立稳定的种子生产基地，在依法自愿有偿和不改变土地用途的前提下，采取租用等土地流转方式，构建种子企业与制种大户、专业合作组织、农民长期的契约合作关系。建立政府支持、种子企业参与、商业化运作的种子生产风险分散机制。加强种子生产基地基础设施建设，改善生产条件，建设现代化种子加工中心和配送体系，提高种子生产、加工能力和服务水平。

（十二）严格品种审定与保护。统筹植物新品种测试和品种区域试验，加强品种特异性、抗病性和抗逆性鉴定。建立国家级与省级品种审定协调机制，科学制定品种审定标准，规范品种审定行为，健全品种退出机制，加快不适宜种植品种退出。完善植物新品种保护制度，扩大保护名录，切实保护原创性、突破性亲本和品种。建立品种权转让交易公共平台，制定交易管理办法，规范交易行为。在粮棉油生产大县建设新品种引进示范场，开展新品种展示示范，加快突破性优良品种推广。对在生产中发挥重要作用的新品种，国家按照有关规定给予育种者成果奖励。

（十三）强化种子市场监管。加强行政许可全过程管理，严格准入条件和标准，依法核发种子生产经营许可证，强化行政许可后的监督管理，建立许可信息公开查询平台和生产经营信息报告制度。加强种子市场监督，健全种子例行监测机制，严厉打击未审先推、无证生产、抢购套购、套牌侵权和制售假劣种子等违法行为。强化进出境种子检验检疫，开展疫情监测及监督抽查。加大知识产权保护力度，健全以新品种权为主的知识产权服务体系。

（十四）健全种子市场调控体系。建立农作物种业信息服务平台，推进物联网技术应用，引导企业建立覆盖生产、加工、流通各环节的种子质量可追溯系统。建立健全国家和省两级种子储备体系，国家重点储备杂交玉米、杂交水稻种子及其亲本，省级重点储备短生育期和大宗作物种子。种子储备实行公开招投标，国家重点支持的"育繁推一体化"种子企业要主动承担储备任务，中央和省级财政对种子储备给予支持。

（十五）提升农作物种业人才素质。支持企业建立院士工作站、博士后科研工作站和学习实践基地。依托重大科技项目、重要创新平台和重点创业基地，通过"千人计划"等途径，支持企业引进国内外高层次人才和领军人物，支持企业选派人员到高等院校进修和培训。对种子企业科研、生产、检验、营销、管理等人员进行定期培训，加强对制种农民技术培训，培养制种能手和制种大户。严格种子行政执法人员资格考核，提高业务水平和依法行政能力。

（十六）加强种业国际交流与合作。积极参加国际植物新品种保护联盟、国际种子联合会等国际组织发起的活动，参与国际植物保护公约框架下的国际交流与合作，推进国家间、区域间的农作物种业双边和多边合作。制定和完善外资进入农作物种业开展资源研究及种子研发、生产、经营等领域相关管理办法，规范国内种子企业、科研机构与国外种子企业技术合作，做好外资并购我国种子企业的安全审查工作。支持国内优势种子企业开拓国外市场，开展科研育种和种子生产经营合作，引进优质种质资源、先进育种和种子加工技术。

四、发展布局

（十七）科研目标和重点。以水稻、玉米、小麦、大豆、马铃薯等5种主要粮食作物和蔬菜、棉花、油菜、花生、甘蔗、苹果、柑橘、梨、茶树、麻类、蚕桑、花卉、香蕉、烤烟、天然橡胶等15种重要经济作物为重点，开展相关种质资源的搜集、保存、评价与利用，挖掘高产、优质、抗病虫、营养高效等具有重大应用价值的功能基因；坚持常规育种与生物技术相结合，培育适宜不同生态区域和市场需求的农作物新品种；开展种子（苗）生产轻简化、机械化、工厂化以及加工贮藏、质量检测、高产高效栽培、病虫害防控、品质测试等相关技术研究，实现良种良法配套。

专栏1　主要粮食作物种业科研目标和重点

作物	2020年科研目标	科研重点
水稻	培育年推广面积超过1000万亩的新品种3—5个；杂交水稻机械化制种面积达到50%；常规水稻商品化供种率达到70%	创制一批广适、高抗、高品质、高配合力的水稻骨干亲本以及"三系"新型不育系、对低温钝感的"两系"不育系；加强杂交水稻安全繁制种、机械化制种、种子检测、加工和贮藏等技术研究与应用
玉米	培育年推广面积超过1000万亩的新品种5—10个	建立规模化高效单倍体育种技术体系和分子标记辅助育种技术平台，构建骨干育种群体；开展玉米机械化制种、不育化制种、生产隔离、种子加工、质量检测等技术研究与应用，制定种子活力、单粒播种等质量技术标准
小麦	培育年推广面积超过1000万亩的新品种4—8个；商品化供种率达到70%以上	在黄淮海麦区发展高产、优质的强筋小麦品种和广适、节水、高产的中筋小麦品种，在长江中下游麦区发展高产、优质、抗逆性强的弱筋和中筋小麦品种，在西南麦区发展高产、优质、抗病性强的中筋小麦品种，在西北麦区发展高产、优质、抗旱节水、抗病抗逆性强的中筋小麦品种，在东北麦区发展高产、优质、早熟、抗逆性强的强筋和中筋小麦品种

续表

作物	2020年科研目标	科研重点
大豆	培育年推广面积超过500万亩的新品种3—5个；商品化供种率达到60%	开展抗逆性鉴定和适应性评价等技术研究与应用；在东北地区重点选育一批高油、高蛋白品种，在黄淮海地区重点选育一批高蛋白、多抗品种
马铃薯	脱毒种薯覆盖率达到40%	加强品种资源保存、鉴定和遗传改良，选育高产、优质专用新品种；加强脱毒种薯繁育和质量控制技术研究与应用

专栏2　重要经济作物种业科研目标和重点

作物	2020年科研目标	科研重点
蔬菜	自主研发品种占80%以上，实现大宗蔬菜作物品种1—2轮更新；蔬菜良种覆盖率达到90%以上	加强大宗蔬菜作物农艺性状遗传规律、杂种优势利用、种子生产和精加工技术，以及食用菌种健康环境因子研究；培育适合设施栽培、露地栽培、加工生产专用的新品种
棉花	培育适应机械化作业、轻简栽培、抗病虫的新品种20—30个	挖掘高衣分、抗逆等优异资源，开展繁制种、加工、贮藏、检测等技术研究与应用；在黄河流域和长江流域棉区培育简化高效、适宜套种新品种，在西北内陆棉区培育适合机械化作业的优质、高产新品种

续表

作物	2020年科研目标	科研重点
油菜	培育适应机械化作业、年推广面积超过100万亩的新品种10个以上	创制一批具有高含油、抗裂角、耐密植等性状优异材料和骨干亲本；培育一批高产、高油、抗病且适合机械化收获的"双低"油菜新品种；开展种子丸粒化包衣、种子发芽化学调控等技术研究与应用
花生	培育年推广面积超过300万亩的新品种5—10个；油用花生含油量达到56%以上，高油酸品种油酸含量达到70%以上	开展种子无损伤检测、脱壳、包衣、加工技术研究与应用
甘蔗	培育年推广面积超过200万亩的新品种5个以上	开展多熟期甘蔗品种的生态适应性评价研究；选育具有遗传多样性、不同熟期、高产、高糖新品种
苹果	种质资源长期保存2000份以上；自主知识产权的优良品种栽培占新发展苹果园面积30%左右	开展苹果生物技术、工程育种技术和砧木育种技术研究，加快培育适合不同区域栽培的新品种
柑橘	种质资源长期保存1800份以上；培育新品种10个以上；柑橘无毒化良种苗木所占比例达到60%以上	开展最佳砧穗组合选配等技术研究与应用，培育矮化、抗病性强、适应能力强的砧木类型；培育一批不同熟期、高抗、优质的新品种
梨	种质资源长期保存2500份以上；培育适合不同生态条件的新品种10个以上	开展砧穗组合亲和力鉴定技术研究，通过嫁接致矮试验，筛选优良砧木；采取远缘杂交、回交等常规育种方法和分子育种技术，选育早、中、晚熟期配套的新品种

— 46 —

续表

作物	2020年科研目标	科研重点
茶树	培育适合不同生态区和不同茶类的优良新品种20个以上；无性系茶树良种覆盖率达到75%以上	开展茶树抗寒、抗病、抗虫和抗旱遗传机理及遗传转化、植株再生技术研究；筛选种内杂交和远缘杂交结实率高的亲本组合，选育一批优质、抗病、低氟、适合机采的新品种
麻类	保存种质资源10000份以上；培育新品种8个以上；良种覆盖率达到60%以上	改良纤维支数、含胶量及可纺性等参数，兼顾蛋白含量、生物产量等饲用、能源用参数，选育抗逆性强、高产、稳产、优质新品种
蚕桑	培育蚕新品种20个、桑树新品种10个、柞树新品种5个	选育病虫抗性较强、优质、高产的桑（柞）树、桑（柞）蚕新品种
花卉	全国花卉种植用种子自给率达到30%	创制一批广适、高抗、高品质、高配合力的重要花卉亲本，以及对低温、光照钝感的育种材料；选育一批有特色的、适用于不同地区、不同目标市场的新品种
香蕉	保存种质资源700份；培育新品种10个以上；年繁育优良香蕉苗占所需种苗的60%	培育综合性状好、适宜不同生态区域的新品种
烤烟	培育新品种50个以上	创制不同香气香型、重要病害抗性的骨干亲本；研究烟草不同种质、发育时期、组织器官及逆境条件下的基因表达调节机制；选育一批高香气、低焦油、抗病、抗逆、丰产新品种

续表

作物	2020年科研目标	科研重点
天然橡胶	培育新品种2—3个；新植胶园良种覆盖率达到100%，胶园良种比例达到70%	加强砧木无性系培育理论研究，开展砧穗组合型无性系选育技术研究；选育适合不同植胶区域的抗寒、抗风、高产新品种

（十八）生产布局。按照"优势区域、企业主体、规模建设、提升能力"的原则，科学规划建设主要粮食作物和重要经济作物种子生产基地，打造种子生产优势区，全面加强基地建设，形成稳定的种子生产能力。建立联动协调机制，强化基地管理，优化基地环境。

专栏3　农作物种子生产布局

类型		区域范围	建设内容
主要粮食作物种子生产基地	国家级	西北杂交玉米种子生产基地、西南杂交水稻种子生产基地、海南南繁基地	加强田间基础设施建设和种子检测能力建设，引导有实力的企业参与农田规模化生产改造，配备种子生产专用设施设备，建设种子加工中心，提升种子生产机械化水平
	区域级	根据不同区域生态特点，在粮食生产核心区建设100个区域级种子生产基地	加强田间基础设施建设，配备种子加工检验设备，提高稳定供种能力
	县（场）级	选择粮食作物种子生产面积在1万亩以上的大县（场），建设种子生产基地	

续表

类型	区域范围	建设内容
重要经济作物种子生产基地	县（场）级	按照我国特色农产品优势区规划，选择重要经济作物种子生产规模较大、承担单位实力较强的种子生产优势县（场），建设种子生产基地	完善种子生产田间条件，建设育苗温室及种苗脱毒车间，提高种子生产设施化、规模化、标准化水平

五、重大工程

（十九）种业基础性公益性研究工程。建设农作物种质资源库、生物育种领域国家重点实验室、国家工程技术研究中心、南繁科研育种基地，改善科研基础设施条件。支持开展育种理论、方法、遗传机理等重大课题和现代育种、机械化制种、种子加工、质量检测等共性关键技术研究，推进农作物种质资源深度评价、材料规模化创制与利用，支持水稻、小麦、大豆等常规品种和马铃薯、甘蔗、果树、茶树等无性繁殖作物品种选育，全面提高农作物种业科技创新能力。

（二十）商业化育种工程。支持和引导有实力的"育繁推一体化"种子企业，改善育种基础设施和技术装备条件，建设育种研发中心、种子加工处理中心、品种测试体系和展示示范基地。支持企业开展杂交作物育种材料筛选、组合选配与测试、新品种试验示范，培育一批突破性优良品种。支持企业与优势科研单位建立科企合作平台，充分利用科研单位人才、技术、资源和科研成果，加快提升企业育种创新能力。

（二十一）种子生产基地建设工程。加强国家级和区域级种子生产基地建设，支持主要粮食作物种子生产大县（场）和重要经济作物种子生产优势县（场）建设，配套建设一批大型现代化种子加工中心，形成相对集中稳定的标准化、规模化、集约化、机械化种子生产基地。增加种子储备财政补贴，调动企业承担国家种子储备的积极性。在现有农业保险中，增加制种风险较高的杂交玉米和杂交水稻等种子生产保险。

（二十二）种业监管能力提升工程。建设和完善一批农作物品种试验站、抗性鉴定站、新品种引进示范场、植物新品种测试（分）中心、植物品种繁殖材料保藏库（圃）以及品种真实性鉴定中心，形成覆盖不同生态区的农作物品种试验网络体系。建设和完善省、市、县三级种子质量监督检测中心，配备必要的检测设施设备，提升检测能力。强化基地、市场和品种管理，加强种子质量、真实性、转基因检测和检验检疫等工作。

专栏4　农作物种业重大工程和重点项目

重大工程	重点项目	支持内容
种业基础性公益性研究工程	国家重点基础研究发展计划（973计划）	支持育种基础理论、遗传机理等重大科学问题研究，整合作物种质资源学、功能基因组学等各种组学和育种学技术，指导育种技术创新
	国家高技术研究发展计划（863计划）	支持育种前沿高新技术、主要农艺性状基因资源和位点挖掘、新型育种材料与品种创制，建立原创性的育种高新技术和育种制种技术体系，加强具有重大应用前景的新品种创制

续表

重大工程	重点项目	支持内容
种业基础性公益性研究工程	国家科技支撑计划（基础研究方面）	支持育种资源创新、常规育种技术研究与新品种培育，研究高效且符合我国国情的育种、繁种、制种、种子加工、储运各环节的共性关键技术并集成应用
	科技基础条件平台、国家重点实验室、国家工程技术研究中心建设项目	支持生物育种领域国家重点实验室、国家工程技术研究中心和农作物种质资源、农作物种业科学数据共享平台建设
	区域产业创新基础能力建设项目	支持生物育种领域工程研究中心、工程实验室、企业技术中心、公共技术服务平台等创新支撑体系建设
	转基因生物新品种培育国家科技重大专项（基础研究方面）	开展功能基因克隆验证与规模化转基因操作技术、转基因生物安全技术研究
	现代农业产业技术体系（基础研究方面）	筛选有价值的种质资源，支持遗传育种理论、方法及配套关键技术研究与应用
	公益性行业（农业）科研专项	开展现代育种、品种测试、机械化制种、种子加工、质量检测、疫情检测、除害处理及监测防控和种业管理等环节的共性关键技术、标准规范和配套装备研究与应用
	种子工程项目（基础研究方面）	支持种质资源引进、保存与利用，以及农作物改良中心和分中心、育种及关键技术创新基地、南繁科研育种基地等基础设施建设

续表

重大工程	重点项目	支持内容
种业基础性公益性研究工程	引进国际先进农业科学技术计划（948项目）	支持境外优势农作物种质资源的引进、保存、利用及外来有害生物检疫防控
	农作物种质资源保护专项	支持种质资源保存、创新与利用，大力开展种质资源深度评价、创新、分发利用以及育种材料创制，开展出境种质资源查验与保护
	农业部重点实验室项目	支持遗传育种理论、方法及配套关键技术等基础研究
商业化育种工程	国家科技支撑计划（产业化应用方面）	支持企业和科研单位加强产学研合作，构建农作物种业技术创新战略联盟，加速科技成果的产业化应用
	生物育种重大产业创新发展工程	扶持和培育具有核心竞争力的"育繁推一体化"大型种子企业，形成我国农作物生物育种研发及产业化的重要平台和试验示范基地
	现代种业发展基金	通过投资入股的方式支持企业开展兼并重组，培育一批"育繁推一体化"大型种子企业
	转基因生物新品种培育国家科技重大专项（品种培育方面）	支持有实力的种子企业创制一批目标性状突出、综合性状优良的突破性转基因新品种
	现代农业产业技术体系（品种培育方面）	支持"育繁推一体化"种子企业承担育种任务
	种子工程项目（创新能力建设方面）	支持具有一定实力的"育繁推一体化"种子企业建设育种创新基地

续表

重大工程	重点项目	支持内容
种子生产基地建设工程	新增千亿斤粮食工程	重点支持国家级种子生产基地建设，在规划范围内建设区域性、规模化的种子生产基地
	农业综合开发部门专项	支持农作物原原种、原种、良种繁育与加工基地建设
	种子工程项目（生产能力建设方面）	在种子生产优势区支持集中建设农作物种子生产基地
	种子生产保险补助	开展种子生产保险试点，给予保费补贴
	种子储备财政补助	对国家救灾备荒种子储备的贷款贴息、保管、检验、自然损耗及正常转商费用等进行补助
种业监管能力提升工程	种子工程项目（监管能力建设方面）	支持种子质量检验检测机构和能力建设，在粮棉油生产大县建设新品种引进示范场
	农业技术试验示范（品种试验）项目	支持开展国家主要农作物品种审定试验
	农产品质量安全监管项目（种子管理方面）	支持基地管理、市场监管、新品种保护和转基因监管、检验检疫等方面工作

六、保障措施

（二十三）健全法律法规。加快研究修订种子法和植物新品种保护条例，修订农作物品种审定、种子标签管理、农业植物新品种权侵权案件处理规定等配套规章。制定品种权转让交易、种子（苗）生产基地建设、基地认定保护等管理办法，以及植物新品种测试指南、新品种保护名录、品种试验规程、审定标准等规范性文件。探索建立非主要农作物品种登记制度。完善覆盖生产、加工、流通全过程的种子标准体系。

（二十四）建立多元化投资渠道。加大农作物种业财政投入力度，支持种质资源开发、常规品种培育、关键技术及标准研发。建立现代种业发展基金，重点支持"育繁推一体化"种子企业开展商业化育种。支持种子企业参与转基因生物新品种培育国家科技重大专项；支持种子企业通过兼并、重组、联合、入股等方式集聚资本，引导发展潜力大的种子企业上市融资。支持育种创新、种子生产加工等条件能力建设，改善品种测试、试验和种子检测条件。

（二十五）强化政策支持。对符合条件的"育繁推一体化"种子企业的种子生产经营所得，免征企业所得税；经认定的高新技术种子企业享受有关税收优惠政策；对种子企业兼并重组涉及的资产评估增值、债务重组收益、土地房屋权属转移等，按照国家有关规定给予税收优惠。将种子精选加工、烘干、包装、播种、收获等制种机械纳入农机具购置补贴范围。加大对制种大县扶持力度，调动基层政府发展制种产业和农民生产优质种子的积极性。金融机构特别是政策性银行要加大对种子收储的信贷支持力度。建立种子物流快捷通道，铁路部门要优先保障种子运输。对企业引进的科研人才，当地政府要参照有关政策解决人员户籍问题。

（二十六）完善管理体系。加强国家、省、市、县四级种子管理体系建设，明确负责种子管理的机构，强化种子管理职能；健全管理队伍，强化人员培训，提高人员素质，增强依法行政和公共服务能力；强化能力建设，保障工作经费，确保工作有效开展。建立绩效考核制度，对种子管理机构进行综合考核，对管理人员实行岗位和业绩考核。强化品种管理，改进现有农作物种业科研成果评价方式，完善育种成果奖励机制，形成有利于加强基础性公益性研究和解决生产实际问题的评价体系。充分发挥种子行业协会的协调、服务、维权、自律作用，规范企业行为，加强行业服务，重点开展种子企业信用等级评价，推进企业间、行业间的国内外交流与合作。

（二十七）加强组织领导。充分发挥推进现代农作物种业发展工作协调组的作用，加强部门协调，密切合作，研究解决农作物种业发展中的重大问题。各省（区、市）要依据本规划，制定本地区农作物种业发展规划，细化各项工作措施。各级农业、发展改革、科技、财政、人力资源社会保障、质检、林业等部门要认真贯彻落实规划要求。

国务院办公厅关于加快推进农业供给侧结构性改革大力发展粮食产业经济的意见

国办发〔2017〕78号

各省、自治区、直辖市人民政府，国务院各部委、各直属机构：

近年来，我国粮食连年丰收，为保障国家粮食安全、促进经济社会发展奠定了坚实基础。当前，粮食供给由总量不足转为结构性矛盾，库存高企、销售不畅、优质粮食供给不足、深加工转化滞后等问题突出。为加快推进农业供给侧结构性改革，大力发展粮食产业经济，促进农业提质增效、农民就业增收和经济社会发展，经国务院同意，现提出以下意见。

一、总体要求

（一）指导思想。全面贯彻党的十八大和十八届三中、四中、五中、六中全会精神，深入贯彻习近平总书记系列重要讲话精神和治国理政新理念新思想新战略，认真落实党中央、国务院决策部署，统筹推进"五位一体"总体布局和协调推进"四个全面"战略布局，牢固树立创新、协调、绿色、开放、共享的发展理念，全面落实国家粮食安全战略，以加快推进农业供给侧结构性改革为主线，以增加绿色优质粮食产品供给、有效解决市场化形势下农民卖粮问题、促进农民持续增收和保障粮食质量安全为重点，大力实施优质粮食工程，推动粮食产业创新发展、转型升级和提质增效，为构建更高层次、更高质量、更有效率、更可持续的粮食安全保障体系夯实产业基础。

（二）基本原则。

坚持市场主导，政府引导。以市场需求为导向，突出市场主体地位，激发市场活力和企业创新动力，发挥市场在资源配置中的决定性作用。针对粮食产业发展的薄弱环节和制约瓶颈，强化政府规划引导、政策扶持、监管服务等作用，着力营造产业发展良好环境。

坚持产业融合，协调发展。树立"大粮食"、"大产业"、"大市场"、"大流通"理念，充分发挥粮食加工转化的引擎作用，推动仓储、物流、加工等粮食流通各环节有机衔接，以相关利益联结机制为纽带，培育全产业链经营模式，促进一二三产业融合发展。

坚持创新驱动，提质增效。围绕市场需求，发挥科技创新的支撑引领作用，深入推进大众创业、万众创新，加快体制机制、经营方式和商业模式创新，积极培育新产业、新业态等新动能，提升粮食产业发展质量和效益。

坚持因地制宜，分类指导。结合不同区域、不同领域、不同主体的实际情况，选择适合自身特点的粮食产业发展模式。加强统筹协调和政策引导，推进产业发展方式转变，及时总结推广典型经验，注重整体效能和可持续性。

（三）主要目标。到 2020 年，初步建成适应我国国情和粮情的现代粮食产业体系，产业发展的质量和效益明显提升，更好地保障国家粮食安全和带动农民增收。绿色优质粮食产品有效供给稳定增加，全国粮食优质品率提高 10 个百分点左右；粮食产业增加值年均增长7%左右，粮食加工转化率达到88%，主食品工业化率提高到25%以上；主营业务收入过百亿的粮食企业数量达到50个以上，大型粮食产业化龙头企业和粮食产业集群辐射带动能力持续增强；粮食科技创新能力和粮食质量安全保障能力进一步提升。

二、培育壮大粮食产业主体

（四）增强粮食企业发展活力。适应粮食收储制度改革需要，深化国有粮食企业改革，发展混合所有制经济，加快转换经营机制，增强市场化经营能力和产业经济发展活力。以资本为纽带，构建跨区域、跨行业"产购储加销"协作机制，提高国有资本运行效率，延长产业链条，主动适应和引领粮食产业转型升级，做强做优做大一批具有竞争力、影响力、控制力的骨干国有粮食企业，有效发挥稳市场、保供应、促发展、保安全的重要载体作用。鼓励国有粮食企业依托现有收储网点，主动与新型农业经营主体等开展合作。培育、发展和壮大从事粮食收购和经营活动的多元粮食市场主体，建立健全统一、开放、竞争、有序的粮食市场体系。（国家粮食局、国务院国资委等负责）

（五）培育壮大粮食产业化龙头企业。在农业产业化国家重点龙头企业认定工作中，认定和扶持一批具有核心竞争力和行业带动力的粮食产业化重点龙头企业，引导支持龙头企业与新型农业经营主体和农户构建稳固的利益联结机制，引导优质粮食品种种植，带动农民增收致富。支持符合条件的龙头企业参与承担政策性粮食收储业务；在确保区域粮食安全的前提下，探索创新龙头企业参与地方粮食储备机制。（国家发展改革委、

国家粮食局、农业部、财政部、商务部、工商总局、质检总局、中储粮总公司等负责)

（六）支持多元主体协同发展。发挥骨干企业的示范带动作用，鼓励多元主体开展多种形式的合作与融合，大力培育和发展粮食产业化联合体。支持符合条件的多元主体积极参与粮食仓储物流设施建设、产后服务体系建设等。鼓励龙头企业与产业链上下游各类市场主体成立粮食产业联盟，共同制订标准、创建品牌、开发市场、攻关技术、扩大融资等，实现优势互补。鼓励通过产权置换、股权转让、品牌整合、兼并重组等方式，实现粮食产业资源优化配置。（国家发展改革委、国家粮食局、工业和信息化部、财政部、农业部、工商总局等负责)

三、创新粮食产业发展方式

（七）促进全产业链发展。粮食企业要积极参与粮食生产功能区建设，发展"产购储加销"一体化模式，构建从田间到餐桌的全产业链。推动粮食企业向上游与新型农业经营主体开展产销对接和协作，通过定向投入、专项服务、良种培育、订单收购、代储加工等方式，建设加工原料基地，探索开展绿色优质特色粮油种植、收购、储存、专用化加工试点；向下游延伸建设物流营销和服务网络，实现粮源基地化、加工规模化、产品优质化、服务多样化，着力打造绿色、有机的优质粮食供应链。开展粮食全产业链信息监测和分析预警，加大供需信息发布力度，引导粮食产销平衡。（国家发展改革委、国家粮食局、农业部、质检总局、国家认监委等负责)

（八）推动产业集聚发展。深入贯彻区域发展总体战略和"一带一路"建设、京津冀协同发展、长江经济带发展三大战略，发挥区域和资源优势，推动粮油产业集聚发展。依托粮食主产区、特色粮油产区和关键粮食物流节点，推进产业向优势产区集中布局，完善进口粮食临港深加工产业链。发展粮油食品产业集聚区，打造一批优势粮食产业集群，以全产业链为纽带，整合现有粮食生产、加工、物流、仓储、销售以及科技等资源，支持建设国家现代粮食产业发展示范园区（基地），支持主销区企业到主产区投资建设粮源基地和仓储物流设施，鼓励主产区企业到主销区建立营销网络，加强产销区产业合作。（国家发展改革委、国家粮食局、工业和信息化部、财政部、商务部、中国铁路总公司等负责）

（九）发展粮食循环经济。鼓励支持粮食企业探索多途径实现粮油副产物循环、全值和梯次利用，提高粮食综合利用率和产品附加值。以绿色粮源、绿色仓储、绿色工厂、绿色园区为重点，构建绿色粮食产业体系。鼓励粮食企业建立绿色、低碳、环保的循环经济系统，降低单位产品能耗和物耗水平。推广"仓顶阳光工程"、稻壳发电等新能源项目，大力开展米糠、碎米、麦麸、麦胚、玉米芯、饼粕等副产物综合利用示范，促进产业节能减排、提质增效。（国家发展改革委、国家粮食局、工业和信息化部、农业部、国家能源局等负责）

（十）积极发展新业态。推进"互联网+粮食"行动，积极发展粮食电子商务，推广"网上粮店"等新型粮食零售业态，促进线上线下融合。完善国家粮食电子交易平台体系，拓展物流运输、金融服务等功能，发挥其服务种粮农民、购粮企业的重要作用。加大粮食文化资源的保护和开发利用力度，支持爱粮节粮宣传教育基地和粮食文化展示基地建设，鼓励发展粮食

产业观光、体验式消费等新业态。(国家粮食局、国家发展改革委、工业和信息化部、财政部、农业部、商务部、国家旅游局等负责)

(十一)发挥品牌引领作用。加强粮食品牌建设顶层设计，通过质量提升、自主创新、品牌创建、特色产品认定等，培育一批具有自主知识产权和较强市场竞争力的全国性粮食名牌产品。鼓励企业推行更高质量标准，建立粮食产业企业标准领跑者激励机制，提高品牌产品质量水平，大力发展"三品一标"粮食产品，培育发展自主品牌。加强绿色优质粮食品牌宣传、发布、人员培训、市场营销、评价标准体系建设、展示展销信息平台建设，开展丰富多彩的品牌创建和产销对接推介活动、品牌产品交易会等，挖掘区域性粮食文化元素，联合打造区域品牌，促进品牌整合，提升品牌美誉度和社会影响力。鼓励企业获得有机、良好农业规范等通行认证，推动出口粮食质量安全示范区建设。加大粮食产品的专利权、商标权等知识产权保护力度，严厉打击制售假冒伪劣产品行为。加强行业信用体系建设，规范市场秩序。(国家粮食局、国家发展改革委、工业和信息化部、农业部、工商总局、质检总局、国家标准委、国家知识产权局等负责)

四、加快粮食产业转型升级

(十二)增加绿色优质粮油产品供给。大力推进优质粮食工程建设，以市场需求为导向，建立优质优价的粮食生产、分类收储和交易机制。增品种、提品质、创品牌，推进绿色优质粮食产业体系建设。实施"中国好粮油"行动计划，开展标准引领、质量测评、品牌培育、健康消费宣传、营销渠道和平台建设及试点示范。推进出口食品农产品生产企业内外销产品"同线同标同质"工程，实现内销转型，带动产业转型升级。调优产品结构，开发绿色优质、营养健康的粮油新产品，增加多元化、定制化、个性化产品供给，促进优质粮食产品的营养升级扩版。推广大米、小麦粉和食用植物油适度加工，大力发展全谷物等新型营养健康食品。推动地方特色粮油食品产业化，加快发展杂粮、杂豆、木本油料等特色产品。适应养殖业发展新趋势，发展安全环保饲料产品。（财政部、国家粮食局、国家发展改革委、工业和信息化部、农业部、工商总局、质检总局、国家林业局等负责）

（十三）大力促进主食产业化。支持推进米面、玉米、杂粮及薯类主食制品的工业化生产、社会化供应等产业化经营方式，大力发展方便食品、速冻食品。开展主食产业化示范工程建设，认定一批放心主食示范单位，推广"生产基地+中央厨房+餐饮门店"、"生产基地+加工企业+商超销售"、"作坊置换+联合发展"等新模式。保护并挖掘传统主食产品，增加花色品种。加强主食产品与其他食品的融合创新，鼓励和支持开发个性化功能性主食产品。（国家粮食局、工业和信息化部、财政部、农业部、商务部、工商总局等负责）

（十四）加快发展粮食精深加工与转化。支持主产区积极发展粮食精深加工，带动主产区经济发展和农民增收。着力开发粮食精深加工产品，增加专用米、专用粉、专用油、功能性淀粉糖、功能性蛋白等食品以及保健、化工、医药等方面的有效供给，加快补齐短板，减少进口依赖。发展纤维素等非粮燃料乙醇；在保障粮食供应和质量安全的前提下，着力处置霉变、重金属超标、超期储存粮食等，适度发展粮食燃料乙醇，推广使用车用乙醇汽油，探索开展淀粉类生物基塑料和生物降解材料试点示范，加快消化政策性粮食库存。支持地方出台有利于粮食精深加工转化的政策，促进玉米深加工业持续健康发展。强化食品质量安全、环保、能耗、安全生产等约束，促进粮食企业加大技术改造力度，倒逼落后加工产能退出。（国家发展改革委、国家粮食局、工业和信息化部、财政部、食品药品监管总局、国家能源局等负责）

（十五）统筹利用粮食仓储设施资源。通过参股、控股、融资等多种形式，放大国有资本功能，扩展粮食仓储业服务范围。多渠道开发现有国有粮食企业仓储设施用途，为新型农业经营主体和农户提供粮食产后服务，为加工企业提供仓储保管服务，为期货市场提供交割服务，为"互联网+粮食"经营模式提供交割仓服务，为城乡居民提供粮食配送服务。（国家粮食局、国家发展改革委、证监会等负责）

五、强化粮食科技创新和人才支撑

（十六）加快推动粮食科技创新突破。支持创新要素向企业集聚，加快培育一批具有市场竞争力的创新型粮食领军企业，引导企业加大研发投入和开展创新活动。鼓励科研机构、高校与企业通过共同设立研发基金、实验室、成果推广工作站等方式，聚焦企业科技创新需求。加大对营养健康、质量安全、节粮减损、加工转化、现代物流、"智慧粮食"等领域相关基础研究和急需关键技术研发的支持力度，推进信息、生物、新材料等高新技术在粮食产业中的应用，加强国内外粮食质量检验技术标准比对及不合格粮食处理技术等研究，开展进出口粮食检

验检疫技术性贸易措施及相关研究。(科技部、质检总局、自然科学基金会、国家粮食局等负责)

(十七)加快科技成果转化推广。深入实施"科技兴粮工程",建立粮食产业科技成果转化信息服务平台,定期发布粮食科技成果,促进粮食科技成果、科技人才、科研机构等与企业有效对接,推动科技成果产业化。发挥粮食领域国家工程实验室、重点实验室成果推广示范作用,加大粮食科技成果集成示范基地、科技协同创新共同体和技术创新联盟的建设力度,推进科技资源开放共享。(科技部、国家粮食局等负责)

(十八)促进粮油机械制造自主创新。扎实推进"中国制造2025",发展高效节粮节能成套粮油加工装备。提高关键粮油机械及仪器设备制造水平和自主创新能力,提升粮食品质及质量安全快速检测设备的技术水平。引入智能机器人和物联网技术,开展粮食智能工厂、智能仓储、智能烘干等应用示范。(工业和信息化部、国家粮食局、国家发展改革委、科技部、农业部等负责)

(十九)健全人才保障机制。实施"人才兴粮工程",深化人才发展体制改革,激发人才创新创造活力。支持企业加强与科研机构、高校合作,创新人才引进机制,搭建专业技术人才创新创业平台,遴选和培养一批粮食产业技术体系专家,凝聚高水平领军人才和创新团队为粮食产业服务。发展粮食高等教育和职业教育,支持高等院校和职业学校开设粮食产业相关专业和课程,完善政产学研用相结合的协同育人模式,加快培养行业短缺的实用型人才。加强职业技能培训,举办职业技能竞赛活动,培育"粮工巧匠",提升粮食行业职工的技能水平。

(国家粮食局、人力资源社会保障部、教育部等负责)

六、夯实粮食产业发展基础

（二十）建设粮食产后服务体系。适应粮食收储制度改革和农业适度规模经营的需要，整合仓储设施资源，建设一批专业化、市场化的粮食产后服务中心，为农户提供粮食"五代"（代清理、代干燥、代储存、代加工、代销售）服务，推进农户科学储粮行动，促进粮食提质减损和农民增收。（财政部、国家粮食局、国家发展改革委等负责）

（二十一）完善现代粮食物流体系。加强粮食物流基础设施和应急供应体系建设，优化物流节点布局，完善物流通道。支持铁路班列运输，降低全产业链物流成本。鼓励产销区企业通过合资、重组等方式组成联合体，提高粮食物流组织化水平。加快粮食物流与信息化融合发展，促进粮食物流信息共享，提高物流效率。推动粮食物流标准化建设，推广原粮物流"四散化"（散储、散运、散装、散卸）、集装化、标准化，推动成品粮物流托盘等标准化装载单元器具的循环共用，带动粮食物流上下游设施设备及包装标准化水平提升。支持进口粮食指定口岸及港口防疫能力建设。（国家发展改革委、国家粮食局、交通运输部、商务部、质检总局、国家标准委、中国铁路总公司等负责）

（二十二）健全粮食质量安全保障体系。支持建设粮食质量检验机构，形成以省级为骨干、以市级为支撑、以县级为基础的公益性粮食质量检验监测体系。加快优质、特色粮油产品标准和相关检测方法标准的制修订。开展全国收获粮食质量调查、品质测报和安全风险监测，加强进口粮食质量安全监管，建立进口粮食疫情监测和联防联控机制。建立覆盖从产地到餐桌全程的粮食质量安全追溯体系和平台,进一步健全质量安全监管衔接协作机制,加强粮食种植、收购、储存、销售及食品生产经营监管,严防不符合食品安全标准的粮食流入口粮市场或用于食品加工。加强口岸风险防控和实际监管,深入开展农产品反走私综合治理,实施专项打击行动。(国家粮食局、食品药品监管总局、农业部、海关总署、质检总局、国家标准委等负责)

七、完善保障措施

(二十三)加大财税扶持力度。充分利用好现有资金渠道,支持粮食仓储物流设施、国家现代粮食产业发展示范园区(基地)建设和粮食产业转型升级。统筹利用商品粮大省奖励资金、产粮产油大县奖励资金、粮食风险基金等支持粮食产业发展。充分发挥财政资金引导功能,积极引导金融资本、社会资本加大对粮食产业的投入。新型农业经营主体购置仓储、烘干设备,可按规定享受农机具购置补贴。落实粮食加工企业从事农产品初加工所得按规定免征企业所得税政策和国家简并增值税税率有关政策。(财政部、国家发展改革委、税务总局、国家粮食局等负责)

(二十四)健全金融保险支持政策。拓宽企业融资渠道,为粮食收购、加工、仓储、物流等各环节提供多元化金融服务。政策性、商业性金融机构要结合职能定位和业务范围,在风险可控的前提下,加大对粮食产业发展和农业产业化重点龙头企业的信贷支持。建立健全粮食收购贷款信用保证基金融资担保机制,降低银行信贷风险。支持粮食企业通过发行短期融资券等非金融企业债务融资工具筹集资金,支持符合条件的粮食企业上市融资或在新三板挂牌,以及发行公司债券、企业债券和并购重组等。引导粮食企业合理利用农产品期货市场管理价格风险。在做好风险防范的前提下,积极开展企业厂房抵押和存单、订单、应收账款质押等融资业务,创新"信贷+保险"、产业链金融等多种服务模式。鼓励和支持保险机构为粮食企业开展对外贸易和"走出去"提供保险服务。(人民银行、银监会、证监会、保监会、财政部、商务部、国家粮食局、农业发展银行等负责)

(二十五)落实用地用电等优惠政策。在土地利用年度计划中,对粮食产业发展重点项目用地予以统筹安排和重点支持。支持和加快国有粮食企业依法依规将划拨用地转变为出让用地,增强企业融资功能。改制重组后的粮食企业,可依法处置土地资产,用于企业改革发展和解决历史遗留问题。落实粮食初加工用电执行农业生产用电价格政策。(国土资源部、国家发展改革委、国家粮食局等负责)

(二十六)加强组织领导。地方各级人民政府要高度重视粮食产业经济发展,因地制宜制定推进本地区粮食产业经济发展的实施意见、规划或方案,加强统筹协调,明确职责分工。加大粮食产业经济发展实绩在粮食安全省长责任制考核中的权重。要结合精准扶贫、精准脱贫要求,大力开展粮食产业扶贫。粮食部门负责协调推进粮食产业发展有关工作,推动产业园区建设,加强粮食产业经济运行监测。发展改革、财政部门要强化对重大政策、重大工程和重大项目的支持,发挥财政投入的引导作用,撬动更多社会资本投入粮食产业。各相关部门要根据职责分工抓紧完善配套措施和部门协作机制,并发挥好粮食等相关行业协会商会在标准、信息、人才、机制等方面的作用,合力推进粮食产业经济发展。(各省级人民政府、国家发展改革委、国家粮食局、财政部、农业部、国务院扶贫办等负责)

国务院办公厅

2017 年 9 月 1 日

国务院关于建立粮食生产功能区和重要农产品生产保护区的指导意见

国发〔2017〕24号

各省、自治区、直辖市人民政府,国务院各部委、各直属机构:

近年来,国家出台了一系列强农惠农富农政策,实现了粮食连年丰收,重要农产品生产能力不断增强。但是,我国农业生产基础还不牢固,工业化、城镇化发展和农业生产用地矛盾不断凸显,保障粮食和重要农产品供给任务仍然艰巨。为优化农业生产布局,聚焦主要品种和优势产区,实行精准化管理,现就建立粮食生产功能区和重要农产品生产保护区(以下统称"两区")提出如下意见。

一、总体要求

(一)指导思想。全面贯彻党的十八大和十八届三中、四中、五中、六中全会精神,深入贯彻习近平总书记系列重要讲话精神和治国理政新理念新思想新战略,认真落实党中央、国务院决策部署,统筹推进"五位一体"总体布局和协调推进"四个全面"战略布局,牢固树立和贯彻落实创新、协调、绿色、开放、共享的发展理念,实施藏粮于地、藏粮于技战略,以确保国家粮食安全和保障重要农产品有效供给为目标,以深入推进农业供给侧结构性改革为主线,以主体功能区规划和优势农产品布局规划为依托,以永久基本农田为基础,将"两区"细化落实到具体地块,优化区域布局和要素组合,促进农业结构调整，提升农产品质量效益和市场竞争力，为推进农业现代化建设、全面建成小康社会奠定坚实基础。

（二）基本原则。

——坚持底线思维、科学划定。按照"确保谷物基本自给、口粮绝对安全"的要求和重要农产品自给保障水平，综合考虑消费需求、生产现状、水土资源条件等因素，科学合理划定水稻、小麦、玉米生产功能区和大豆、棉花、油菜籽、糖料蔗、天然橡胶生产保护区，落实到田头地块。

——坚持统筹兼顾、持续发展。围绕保核心产能、保产业安全，正确处理中央与地方、当前与长远、生产与生态之间的关系，充分调动各方面积极性，形成建设合力，确保农业可持续发展和生态改善。

——坚持政策引导、农民参与。完善支持政策和制度保障体系，充分尊重农民自主经营的意愿和保护农民土地的承包经营权，积极引导农民参与"两区"划定、建设和管护，鼓励农民发展粮食和重要农产品生产。

——坚持完善机制、建管并重。建立健全激励和约束机制，加强"两区"建设和管护工作，稳定粮食和重要农产品种植面积，保持种植收益在合理水平，确保"两区"建得好、管得住，能够长久发挥作用。

（三）主要目标。力争用 3 年时间完成 10.58 亿亩"两区"地块的划定任务，做到全部建档立卡、上图入库，实现信息化和精准化管理；力争用 5 年时间基本完成"两区"建设任务，形成布局合理、数量充足、设施完善、产能提升、管护到位、生产现代化的"两区"，国家粮食安全的基础更加稳固，重要农产品自给水平保持稳定,农业产业安全显著增强。

1. 粮食生产功能区。划定粮食生产功能区9亿亩,其中6亿亩用于稻麦生产。以东北平原、长江流域、东南沿海优势区为重点,划定水稻生产功能区3.4亿亩;以黄淮海地区、长江中下游、西北及西南优势区为重点,划定小麦生产功能区3.2亿亩(含水稻和小麦复种区6000万亩);以松嫩平原、三江平原、辽河平原、黄淮海地区以及汾河和渭河流域等优势区为重点,划定玉米生产功能区4.5亿亩(含小麦和玉米复种区1.5亿亩)。

2. 重要农产品生产保护区。划定重要农产品生产保护区2.38亿亩(与粮食生产功能区重叠8000万亩)。以东北地区为重点,黄淮海地区为补充,划定大豆生产保护区1亿亩(含小麦和大豆复种区2000万亩);以新疆为重点,黄河流域、长江流域主产区为补充,划定棉花生产保护区3500万亩;以长江流域为重点,划定油菜籽生产保护区7000万亩(含水稻和油菜籽复种区6000万亩);以广西、云南为重点,划定糖料蔗生产保护区1500万亩;以海南、云南、广东为重点,划定天然橡胶生产保护区1800万亩。

二、科学合理划定"两区"

(四)科学确定划定标准。粮食生产功能区和大豆、棉花、油菜籽、糖料蔗生产保护区划定应同时具备以下条件:水土资源条件较好,坡度在15度以下的永久基本农田;相对集中连片,原则上平原地区连片面积不低于500亩,丘陵地区连片面积不低于50亩;农田灌排工程等农业基础设施比较完备,生态环境良好,未列入退耕还林还草、还湖还湿、耕地休耕试点等范围;具有粮食和重要农产品的种植传统,近三年播种面积基本稳定。

优先选择已建成或规划建设的高标准农田进行"两区"划定。天然橡胶生产保护区划定的条件：风寒侵袭少、海拔高度低于900米的宜胶地块。

（五）自上而下分解任务。根据全国"两区"划定总规模和各省（区、市）现有永久基本农田保护面积、粮食和重要农产品种植面积等因素，将划定任务分解落实到各省（区、市）。各省（区、市）人民政府要按照划定标准和任务，综合考虑当地资源禀赋、发展潜力、产销平衡等情况，将本省（区、市）"两区"面积细化分解到县（市、区）。要将产粮大县作为粮食生产功能区划定的重点县。

（六）以县为基础精准落地。县级人民政府要根据土地利用、农业发展、城乡建设等相关规划，按照全国统一标准和分解下达的"两区"划定任务，结合农村土地承包经营权确权登记颁证和永久基本农田划定工作，明确"两区"具体地块并统一编号，标明"四至"及拐点坐标、面积以及灌排工程条件、作物类型、承包经营主体、土地流转情况等相关信息。依托国土资源遥感监测"一张图"和综合监管平台，建立电子地图和数据库，建档立卡、登记造册。

（七）审核和汇总划定成果。各省（区、市）人民政府要及时组织开展"两区"划定成果的核查验收工作，在公告公示无异议后，将有关情况报送农业部、国家发展改革委、国土资源部，同时抄送财政部、住房城乡建设部、水利部。农业部、国土资源部要指导各省（区、市）建立"两区"电子地图和数据库，形成全国"两区"布局"一张图"。农业部、国家发展改革委要会同有关部门汇总全国"两区"划定成果并向国务院报告。

三、大力推进"两区"建设

（八）强化综合生产能力建设。依据高标准农田建设规划和土地整治规划等，按照集中连片、旱涝保收、稳产高产、生态友好的要求，积极推进"两区"范围内的高标准农田建设。加强"两区"范围内的骨干水利工程和中小型农田水利设施建设，因地制宜兴建"五小水利"工程，大力发展节水灌溉，打通农田水利"最后一公里"。加强天然橡胶生产基地建设，加快老龄残次、低产低质胶园更新改造，强化胶树抚育和管护，提高橡胶产出水平和质量。

（九）发展适度规模经营。加大"两区"范围内的新型经营主体培育力度，优化支持方向和领域，使其成为"两区"建设的骨干力量。以"两区"为平台，重点发展多种形式的适度规模经营，健全农村经营管理体系，加强对土地经营权流转和适度规模经营的管理服务。引导和支持"两区"范围内的经营主体根据市场需要，优化生产结构，加强粮食产后服务体系建设，增加绿色优质农产品供给。

（十）提高农业社会化服务水平。适应现代农业发展的要求，着力深化"两区"范围内的基层农技推广机构改革，抓紧构建覆盖全程、综合配套、便捷高效的农业社会化服务体系，提升农技推广和服务能力。以"两区"为重点，深入开展绿色高产高效创建，加快优良品种、高产栽培技术普及应用，提升农作物生产全程机械化水平，积极推广"互联网+"、物联网、云计算、大数据等现代信息技术。

四、切实强化"两区"监管

（十一）依法保护"两区"。根据农业法、土地管理法、基本农田保护条例、农田水利条例等法律法规要求，完善"两区"保护相关制度，将宝贵的水土资源保护起来。各省（区、市）要根据当地实际需要，积极推动制定"两区"监管方面的地方性法规或政府规章。严格"两区"范围内永久基本农田管理，确保其数量不减少、质量不降低。

（十二）落实管护责任。各省（区、市）要按照"谁使用、谁受益、谁管护"的原则，将"两区"地块的农业基础设施管护责任落实到经营主体，督促和指导经营主体加强设施管护。创新农田水利工程建管模式，鼓励农民、农村集体经济组织、农民用水合作组织、新型经营主体等参与建设、管理和运营。

（十三）加强动态监测和信息共享。综合运用现代信息技术，建立"两区"监测监管体系，定期对"两区"范围内农作物品种和种植面积等进行动态监测，深入分析相关情况，实行精细化管理。建立"两区"信息报送制度，及时更新"两区"电子地图和数据库。建立健全数据安全保障机制，落实责任主体，在保证信息安全的前提下，开放"两区"电子地图和数据库接口，实现信息互通、资源共享。

（十四）强化监督考核。农业部、国家发展改革委要会同国土资源部等部门结合粮食安全省长责任制，对各省（区、市）"两区"划定、建设和管护工作进行评价考核，评价考核结果与"两区"扶持政策相挂钩。各省（区、市）要切实抓好"两区"的监督检查，将相关工作作为地方政府绩效考评的重要内容，并建立绩效考核和责任追究制度。

五、加大对"两区"的政策支持

（十五）增加基础设施建设投入。把"两区"作为农业固定资产投资安排的重点领域，现有的高标准农田、大中型灌区续建配套及节水改造等农业基础设施建设投资要积极向"两区"倾斜。创新"两区"建设投融资机制，吸引社会资本投入，加快建设步伐。

（十六）完善财政支持政策。完善均衡性转移支付机制，健全粮食主产区利益补偿机制，逐步提高产粮大县人均财力保障水平。进一步优化财政支农结构，创新资金投入方式和运行机制，推进"两区"范围内各类涉农资金整合和统筹使用。率先在"两区"范围内建立以绿色生态为导向的农业补贴制度。

（十七）创新金融支持政策。鼓励金融机构完善信贷管理机制，创新金融支农产品和服务，拓宽抵质押物范围，在符合条件的"两区"范围内探索开展粮食生产规模经营主体营销贷款试点，加大信贷支持。完善政府、银行、保险公司、担保机构联动机制，深化小额贷款保证保险试点，优先在"两区"范围内探索农产品价格和收入保险试点。推动"两区"农业保险全覆盖，健全大灾风险分散机制。

六、加强组织领导

（十八）明确部门分工。国务院有关部门要加强指导、协调和监督检查，确保各项任务落实到位。国家发展改革委要会同有关部门做好统筹协调，适时组织第三方评估。财政部要会同有关部门加强财政补贴资金的统筹和整合，优化使用方向。农业部、国土资源部要会同有关部门确定各省（区、市）"两区"划定任务，制定相关划定、验收、评价考核操作规程和管理办法，做好上图入库工作。人民银行、银监会、保监会要创新和完善"两区"建设金融支持政策。

（十九）落实地方责任。各省（区、市）人民政府对"两区"划定、建设和管护工作负总责，要成立由政府负责同志牵头、各有关部门参加的协调机制，逐级签订责任书，层层落实责任；要根据当地实际情况，细化制定具体实施办法、管理细则，出台相关配套政策，抓好工作落实。

国务院

2017 年 3 月 31 日

农业部关于加快东北粮食主产区现代畜牧业发展的指导意见

农牧发〔2017〕12号

内蒙古自治区农牧厅、辽宁省畜牧兽医局、吉林省畜牧业管理局、黑龙江省畜牧兽医局：

东北是我国畜牧业重要的潜力增长区，发展畜牧业有雄厚的资源基础和较强的环境承载能力。但长期以来，受饲养方式粗放、畜产品加工和运销能力不足等因素影响，东北畜牧业发展水平与丰富的粮草资源不相称、不同步，比较优势没有得到充分发挥。加快东北粮食主产区现代畜牧业发展，是消化玉米库存、调优农业结构的迫切需要，是承接水网地区生猪产能转移、保障畜产品供给的迫切需要，是构建新型种养关系、推动绿色发展的迫切需要，是促进农民增收、繁荣东北经济的迫切需要。要抓住玉米收储政策改革后饲料成本下降的有利时机，把加快东北现代畜牧业发展作为落实中央关于推进农业供给侧结构性改革决策部署的一件大事来抓，思想上给予高度重视，政策上给予重点支持，制度上给予特殊安排。为规划引导东北现代畜牧业更好更快发展，提出如下指导意见。

一、总体要求

（一）指导思想

牢固树立新发展理念，以推进农业供给侧结构性改革为主线,以培育畜牧业核心竞争力为目标,以种养结合绿色发展为路径,以规模化、一体化、绿色化、品牌化、产业化为方向,大力推进东北地区畜牧业结构调整和转型发展,着力提高发展质量和效益,高起点高标准构建现代畜牧业产业体系、生产体系、经营体系,全面提升畜牧业综合生产能力、市场竞争能力和可持续发展能力。

(二)基本原则

一是统筹规划,科学布局。结合资源要素、产业基础、市场容量、环境承载力等条件,科学规划设计,突出主导畜种,突出优势区域,统筹畜禽种业、畜禽生产、饲草料产业和畜产品加工业布局,构建重点突出、优势互补、布局合理、一二三产业相互融合的现代畜牧业发展新格局。

二是严格环保,绿色发展。以畜禽养殖废弃物资源化利用为重点,协同推进生产发展和环境保护,走畜牧业绿色发展道路。严把新(改、扩)建场环保关,坚决避免走"先污染后治理"的老路子。严格执法监管,加强草原生态保护和科学利用。

三是种养结合,农牧循环。按照今年中央一号文件关于稳粮、优经、扩饲的要求,加大粮改饲工作力度,围绕畜牧业发展建设完善饲草料生产加工体系。坚持以养带种,以种促养,构建结合紧密、经济高效、生态持续的新型种养关系。推广秸秆饲料化实用技术,促进秸秆资源过腹转化。

四是产销并重,突出品牌。充分发挥市场在资源配置中的决定性作用,突出品牌建设,打造种养加一体、一二三产融合的绿色有机食品产业链,构建合理利益分配机制,逐步建立东北地区畜产品竞争优势，提升东北畜牧业核心竞争力。

（三）发展目标

到2020年，东北现代畜牧业建设取得明显进展，产业结构调整基本完成，畜产品供给质量和效率持续提高，品牌知名度和影响力大幅提升，种养结合、农牧循环的绿色发展模式基本形成，优质安全畜产品生产供应能力明显增强。畜禽养殖规模化率比"十二五"末提高15个百分点，肉类和奶类产量占全国总产量的比重分别达到15%和40%以上。到2025年，东北畜牧业基本实现现代化，成为国家肉蛋奶供给保障基地、种养结合高效发展示范基地和优质绿色畜产品生产基地。

（四）发展重点

立足东北粮多、秸秆多、牧草资源丰富等条件，以生猪、奶牛、肉牛为重点，兼顾肉羊、蛋鸡、肉鸡、绒山羊等区域性特色优势畜种，着力提高综合生产能力，加快提升产业化水平。大力发展饲料加工业，促进粮食转化增值；大力发展牧草加工、秸秆调制等配套产业，促进草食畜牧业发展。

——生猪：属于潜力增长区，品种以杜洛克、长白、大白为主开展三元杂交，兼顾松辽黑猪等培育品种和东北民猪等地方品种保护开发。发挥饲草料、土地等资源优势，引进大型生猪养殖龙头企业，建设一批高标准种养结合养殖基地。整合优化屠宰加工产业，加强冷链物流和市场体系建设，提升市场营销能力。

——奶牛：属于传统优势区，品种以荷斯坦奶牛为主，兼顾乳肉兼用牛发展。全面推进标准化规模养殖，大力发展全株青贮玉米及苜蓿等优质饲草料生产，普及全混合日粮（TMR）

饲喂技术，提升乳品加工销售能力，建立健全产业链利益联结机制。

——肉牛：属于提升发展区，品种以延边牛、草原红牛等地方品种和科尔沁牛、辽育白牛、延黄牛等培育品种为主。加快地方品种改良和培育品种推广，在牧区推广舍饲半舍饲养殖、围栏育肥，农区推广"龙头企业+合作社+养殖大户或家庭农（牧）场"模式，探索发展农业产业化联合体，加快肉牛集中屠宰和冷链配送能力建设，推进全产业链开发。

二、突出东北腾挪空间较大的优势，着力提升养殖规模化水平

加快对东北传统畜牧业的集约化改造。利用东北人均耕地多、发展空间大的优势，加强政策引导，鼓励全国有实力的农牧业龙头企业到东北建场，通过产加销一体化、"企业+家庭牧场"等方式发展集约化规模化养殖。健全畜禽良种繁育体系，普及推广人工授精技术，提高良种供应能力。提高畜禽养殖设施化水平，着重做好环境控制和粪污资源化处理，普及墙体保温、新风控制等实用技术，提高畜禽生产水平。支持规模养殖场探索应用信息化、智能化技术，降低劳动力成本，提高生产效率。广泛开展规模养殖场标准化示范创建，完善地方标准和规范，鼓励龙头企业制定企业标准和规范，推广一批高水平的标准化养殖模式。

三、大力推行种养结合循环互补，着力提升农牧一体化发展水平

坚持种养配套原则，科学测算土地承载能力，组织编制种养循环发展规划，通过土地供应、养殖总量控制等方式，合理

引导和配置畜牧业发展。根据种植业品种和区域分布情况，合理规划养殖布局和粪污资源化处理设施，实现畜禽粪污就地就近利用。建立健全种养循环发展机制，发挥东北地区土地集中连片的优势，支持规模养殖场通过土地流转、协议合作等方式，建立稳定种养结合关系。大力实施"粮改饲"和振兴奶业苜蓿发展行动，支持东北地区种植青贮玉米和苜蓿等优质饲草料，以畜定需、以养定种，合理确定"粮改饲"种植面积和主推品种，加大实用青贮技术和秸秆饲料化适用技术的推广普及。积极推广"集中规模饲养+适度规模牧场+合理饲料用地"等生态循环种养模式。因地制宜推行牧区繁殖、农区育肥模式，提高肉牛肉羊生产效率。

四、严格环保和防疫措施，着力提升东北畜牧业绿色发展水平

东北地区新增的畜禽生产能力，要按照高标准、严要求的原则，同时谋划、同步推进环境保护措施，坚决杜绝新的污染。新（改、扩）建规模养殖场要依法进行环评，执行"三同时"制度，配套与养殖规模相适应的消纳用地。结合东北地区资源和气候条件特点，积极推行源头减量、过程控制、末端利用的治理路径，创新集成并推广一批高效实用处理模式。以畜牧大县和规模养殖场为重点，支持、动员现有畜禽规模养殖场建设完善粪污收集利用和病死畜禽无害化处理设施装备，鼓励在养殖密集区建设集中处理中心和专业无害化处理场。加大《畜禽规模养殖污染防治条例》等法律法规宣传力度，强化养殖场户环保意识，落实环境保护主体责任。加快推进大东北地区免疫无口蹄疫区建设，全面落实基础免疫、监测预警、检疫监管、

应急处置等综合防控措施，力争到2020年实现O型、A型口蹄疫免疫无疫，亚洲Ⅰ型口蹄疫非免疫无疫。加快实施动物疫病净化策略，重点加强种畜禽场疫病净化。加强边境地区非洲猪瘟等外来动物疫病风险防控。加快推进畜牧兽医执法和监管一体化，全面实现畜禽养殖档案管理、产地检疫、屠宰检疫等数据互联互通、全程可追溯。

五、积极推进绿色有机畜产品生产，着力提升畜产品品牌化水平

打好绿色牌、有机牌，引领实现产品绿色化，打造东北地区的独特竞争优势。加强畜产品质量安全监管，加快建设畜产品生产追溯管理体系，落实生产者质量安全主体责任。加强养殖档案管理，积极探索建立电子养殖档案管理制度，督促、指导养殖场户规范用药。加大畜产品质量安全监测力度，定期公布监测结果。加强监督执法，严厉打击各种违法添加等行为。推动动物卫生监督执法一体化管理，全面实行动物检疫合格证明电子信息化管理、电子出证联网管理，从源头上保障畜产品健康安全。加快东北地区畜产品"三品一标"认证，规范整合现有品牌，集中连片搞创建，打造一批优势突出、竞争力强的畜产品区域公共品牌、企业品牌和产品品牌。

六、补齐东北畜产品加工流通短板，着力提升畜牧业产业化水平

着力突破东北畜产品加工运输瓶颈，做到养得好、产得好、卖得好。根据畜禽生产布局，整合优化畜禽屠宰产业，提高畜禽就近屠宰加工能力，减少活畜禽长距离运输。重点扶持

一批市场前景好、增值空间大的低温肉制品、熟肉制品、干乳制品等畜产品初级加工和深加工项目,避免同质化,提升附加值。培育壮大龙头企业,加强产销衔接,大力发展订单生产,支持产加销一体化。支持东北地区建设国家级生猪交易市场,增强市场定价力量。加强冷链物流体系建设,降低物流成本。发展畜产品电子商务,通过政府搭台、企业主体方式,建设东北优质畜产品网络交易平台和物流配送网络。建立畜产品生产和市场信息服务网络,引导养殖场户根据市场需求合理安排生产。

七、加强对东北地区畜牧业发展的政策扶持

加大东北现代畜牧业建设政策资金扶持力度。加快东北现代畜禽牧草种业发展,将重点畜产品交易市场发展纳入农业部相关规划。积极协调,推动建立黑土地保护利用、有机肥替代化肥、粮改饲、粮豆轮作、农作物秸秆综合利用等扶持资金与发展畜牧养殖有机结合的机制。加大对东北畜禽标准化养殖示范创建、畜禽粪污资源化利用、畜禽种业发展等的支持力度。利用全国农业信贷担保体系,加大对畜牧业发展的信贷支持。加快推广畜牧养殖和价格保险,保障持续稳定经营。支持东北无疫区建设,加大动物防疫和检疫专项资金投入。积极探索通过政府与社会资本合作、政府购买服务、以奖代补、风险补偿等方式,引导和支持社会资本向东北地区聚集,着力做强畜禽牧草种业、优质饲草料供应、产品加工流通关联产业。有条件的地区可探索建立畜牧产业发展基金,支持产业整合升级和做大做强。推动落实规模养殖用地政策,在有条件的地方探索开展基本农田配套建设养殖场试点,拓展畜禽养殖发展空间。适当增加东北地区现代畜牧业产业技术体系岗位专家和试验站数量，建立对口联系和帮扶机制，强化科技支撑。在黑龙江开展奶业监管监测一体化试点，加强全产业链跟踪监管。加强工作指导，建立东北现代畜牧业发展联络协调机制，强化区域联动和合作。

农业部
2017 年 8 月 3 日

农业部办公厅关于加快推进农垦现代农作物种业发展的指导意见

农办垦〔2017〕5号

各省、自治区、直辖市农垦管理部门，新疆生产建设兵团农业局：

农作物种业是国家战略性、基础性核心产业。农垦种业是我国种业的重要组成部分，是打造农垦国际大粮商的主导产业和"压舱石"。为贯彻落实《中共中央 国务院关于进一步推进农垦改革发展的意见》（中发〔2015〕33号）《中共中央 国务院关于深入推进农业供给侧结构性改革加快培育农业农村发展新动能的若干意见》（中发〔2017〕1号）和《农业部关于推进农业供给侧结构性改革的实施意见》（农发〔2017〕1号）等文件精神以及中央关于深化种业改革的战略部署，服务农垦国际大粮商战略，现就加快推进农垦现代农作物种业发展提出如下指导意见。

一、总体要求

（一）指导思想

深入贯彻落实中央关于农垦和种业改革发展文件精神，紧密结合《全国现代农作物种业发展规划（2012—2020年）》以及各垦区农作物种业发展实际，秉承"创新、协调、绿色、开放、共享"新发展理念，以推进供给侧结构性改革、做大做强种业企业为主要目标，依靠创新驱动和协同合作，加快推进优质资源整合、产业优化升级和行业优势构建,推动种业由产量数量型向绿色效益型、由粮食种业为主向粮经饲种业并重、由资源驱动型向创新驱动型转变,加强农垦种业品牌建设,全面提升农垦种业的科技创新力、市场竞争力和行业影响力。

(二)基本原则

坚持市场导向、企业主体。充分发挥市场对资源配置的决定性作用,共同创造公平、规范的市场竞争环境。充分发挥企业在商业化育种、成果转化与应用、市场开发与管理等方面的主体作用,培育育繁推一体化企业。

坚持结构调整、绿色发展。树立"大种业"意识,优化品种结构,扩大杂交、果蔬茶等附加值高的作物种子的生产,加快构建粮经饲统筹发展格局,保持农作物种业均衡高效发展。围绕绿色发展目标,加快新品种选育,推动新一轮农作物品种创新和更新换代。

坚持创新驱动、联合攻关。着力抓好种业科技创新,不断提升从种质资源改良、生产加工、产品储运到市场营销和售后服务等各流程环节的科技水平和价值含量。推进体制机制创新,建立健全现代企业制度,做大做强种业企业。加大良种联合攻关力度,增强核心竞争力。

坚持资源整合、"三联"发展。整合垦区种业资源,优化劳动力、资本、土地、技术、管理等要素配置,激发要素活力,培育发展新动能。坚定不移推动农垦种业联合、联盟、联营发展,不断提升企业的凝聚力、创造力和竞争力。

(三)发展目标

到2020年,力争建立一批人才集聚、设备先进、辐射全国的农垦农作物种业科技创新服务中心，培育一批适宜机械化生产、优质高产多抗广适新品种，打造一批设施完善、设备先进、源头可溯、质量可靠的现代种子生产基地，培养一支政治强、业务精、作风硬的干部职工队伍，创造一批市场信誉度高、影响力大的公用品牌、企业品牌和产品品牌，建设一批区域性、特色化、专业性种业企业和销售收入过10亿元的区域种业集团，打造一个销售收入过50亿元的民族种业航母。

二、重点任务

认真贯彻落实国家"十三五"发展现代种业部署，围绕垦区现代种业发展实际和打造农垦国际大粮商要求，深入分析当前种业发展新形势，进一步创新体制机制，发挥企业主导作用，优化品种布局，挖掘良种潜力，重点抓好以下工作。

（四）提升种业科技创新水平

充分整合育种力量和资源，分区域、分品种组建种业科技创新服务中心，加快育种材料的改良和创制，加大主要农作物良种联合攻关力度。建设科技创新工程中心，着力推进行业关键共性技术的研发、组装集成及成果转化。支持各垦区种业企业之间、企业与科研院校之间组建主要农作物品种联合体和开展商业化育种研究，逐步建立以企业为主体的商业化育种新机制，加强农垦科技创新能力建设。

（五）完善市场营销体系

创新发展电商等现代营销模式，增强物流配送能力，推动线上线下互动发展。利用全国农作物种子质量追溯平台，确保用种供种质量安全。加快培育"中国农垦"种子公用品牌，强化农垦种子企业品牌和产品品牌的传播和管理，不断提升农垦种业行业知名度和市场影响力。积极探索"走出去"发展模式,大力开拓国际市场,增强国际竞争能力。

(六) 建立健全社会化服务体系

充分发挥农垦种业专业化、规模化、组织化等优势,推动种业社会化服务体制、机制和模式创新,探索适合农垦现代农业发展的供种方式,打造综合服务公司和建设服务云平台等多种形式,整合服务资源和延伸服务链,建立种业社会化服务标准体系,强化种业监测统计、分析预警、信息发布等服务,提高种业社会化服务的精准性、针对性和有效性。认定建设一批现代化种子展示示范基地,搭建数字化网络展示平台,加强种业生产技术人员培养,促进良种良法展示示范和应用推广。

(七) 探索推进种粮一体化发展

认真贯彻落实国家粮食政策性收储政策,积极承担粮食收储任务。努力推动良种、种植、收储、加工等主体联合联动,通过建立各主体紧密的利益联合机制,全面促进种子产业育、繁、推与粮食产业仓、加、销一体化协同发展。总结推广好的发展模式,培育形成新的种业经济增长点,逐渐形成新的产业经营优势。

(八) 加强种子生产加工基地建设

科学规划生产优势区域布局,分区域、分作物建设一批稳定可靠的现代化种子生产基地。加强基础设施建设,改善生产加工仓储条件,加快购置先进的种子生产、加工、包装、检验和仓储、运输设备,加大高效、安全制种技术和先进适用制种机械的推广使用,推进基地标准化制种,强化防灾减灾能力,切实提高基地的种子生产加工水平。

(九) 做强做大种子企业

进一步深化种业企业改革,创新体制机制,加快现代企业制度建设,坚持激励机制和约束机制相结合,不断提高种企运行效率、增强种企发展活力。要强化产权意识,不断提升企业知识产权的创造、运用、保护和管理能力。鼓励种企间兼并重组,强强联合。鼓励有条件的种企上市募集资金。结合农垦产业发展基金,探索成立"中国农垦种业发展子基金",发挥好基金导向作用,培育一批种业龙头企业。

三、保障措施

(十) 加强组织领导

各垦区种子主管部门要强化对推进农垦农作物种业发展工作重要性的认识,切实增强工作的责任感和使命感。加强组织、明确分工、落实责任,注重措施,讲求实效,细化并认真抓好落实每一项工作,为意见的贯彻落实提供强有力保障。

(十一) 加大支持力度

加强与有关部门的协调,积极推动各项种业扶持政策的落实。积极争取各类项目资金,重点在科技研发、基地建设、品牌打造上给予支持,吸引各类社会资源向垦区流动。加强政策引导,对具有育种能力、市场占有率较高、经营规模较大的"育繁推一体化"种子企业予以重点支持,增强其持续增长动力。

(十二) 发挥联盟作用

充分发挥农垦种业联盟、农场联盟等联盟的平台和纽带作用,加强对企业的服务,组织开展企业间、企业与科研单位间的交流与合作。加强行业自律,规范企业行为,协调企业竞争关系、促进行业和谐共赢发展。推动农垦种业加强合作,兼并重组,抱团经营,将农垦各种业企业的比较优势转化为农垦种业行业的市场竞争优势。

农业部办公厅

2017 年 4 月 11 日

无公害农产品（种植业产品）认证现场检查评定细则

关于印发无公害农产品（种植业产品）
认证现场检查评定细则的通知

农质安发〔2010〕17号

各省、自治区、直辖市及计划单列市农产品质量安全中心（局、站、办）、无公害农产品工作机构，新疆生产建设兵团农产品质量安全中心：

　　为进一步规范无公害农产品（种植业产品）现场检查工作，根据《无公害农产品认证现场检查规范》（农质安发〔2005〕5号）和《关于加强无公害农产品产地认定产品认证审核工作的通知》（农质安发〔2009〕8号）精神，在广泛征求意见的基础上，农业部农产品质量安全中心组织制定了《无公害农产品（种植业产品）认证现场检查评定细则》，现予以印发，请各地在无公害农产品认证工作中遵照执行。原《无公害农产品认证（种植业、渔业产品）现场检查实施细则》（试行）（农质安发〔2005〕7号）中涉及种植业产品的相关规定同时废止。

二〇一〇年八月九日

第一条 根据《无公害农产品认证现场检查规范》，制定本评定细则。

第二条 本评定细则适用于无公害农产品认证过程中对种植业产品实施现场检查的评定活动，包括现场检查的内容、判定方法和结论等。

第三条 现场检查的内容包括质量管理体系、产地环境、生产记录、投入品管理、产品质量、初级加工产品管理等，评定项目分关键检查项目（条款号后加※表示）和一般检查项目。

第四条 在现场检查时，凡属不完整、不齐全的项目，称不合格项。关键检查项目如不合格则称为严重不合格项；一般检查项目不合格则称为一般不合格项。在"结论"栏中，合格者打"√"，不合格者打"×"。关键检查项目出现不合格，检查员应对此说明原因。对于不适用的检查项目，检查员应在备注栏说明。

第五条 现场检查结论的评定原则如下：

项目		结果
严重不合格项	一般不合格项	
0	小于15%	现场检查通过
0	15%–30%	限期整改，跟踪检查
0	大于30%	现场检查不通过
大于等于1		

第六条 无公害农产品（种植业产品）认证现场检查评定项目表：

条款	检查项目	结论	备注（原因）
一、质量管理体系			
1※	申请人应具有组织管理无公害农产品生产和承担责任追溯的能力。 查：申请人的资质证明条件		
2※	申请人应具有质量管理体系文件：各类管理制度、生产操作规程、人员培训制度、生产记录制度等。 查：质量管理体系文件		
3	以农民专业合作经济组织作为主体和公司+农户形式申报的申请人，应具有对合作农户管理的措施和产品质量保证能力。 查：申请人与合作农户签署的含有产品质量安全管理措施的合作协议和农户名册（包括农户名单、地址、种植规模）		
4	申请人应具有内部管理和熟悉质量安全的内检人员。 查：无公害农产品内检员证书		
5	负责指导投入品使用的农技人员应能胜任相应的工作。 查：专业技术资格证书		
6	具有定期培训制度。生产人员、操作人员应定期接受培训，以适应无公害生产的要求。 查：培训记录		

续表

条款	检查项目	结论	备注（原因）
二、产地环境			
7	应明确产地区域范围（产地名称、产地面积、位置示意图）。 查：现场查看		
8	产地区域范围内应无对农业生产活动和产地环境存在潜在危害的污染源。 查：现场查看		
9※	产地土、水、气应符合无公害种植业产品产地环境的要求。 查：《产地环境检测报告》和《产地环境评价报告》或《产地环境质量调查报告》或《无公害农产品产地认定证书》		
三、记录管理			
10	所有文件记录应至少保存两年。 查：文件记录		
11	有专人和专门的地方保存记录。 查：现场查看		
12	具有可追溯的产品销售记录。 查：销售记录（销售日期、销售地、销售量）		
四、投入品管理			
（一）植保产品			
13	应针对病、虫、草害或靶标，合理选择植保产品。 查：生产技术规程、用药记录		

续表

条款	检查项目	结论	备注（原因）
14※	应保留使用的植保产品的购货凭证，并记录相关情况。 查：植保产品的购货凭证、入库记录		
15	使用的植保产品应经国家登记许可。 查：使用植保产品的登记证号		
16※	不应使用禁用的植保产品。 查：用药记录、现场查看		
17	应记录施用植保产品的地块、果园或温室的相关信息。 查：用药记录		
18	应记录植保产品处理的作物名称和品种。 查：用药记录		
19	应记录植保产品的使用日期。 查：用药记录		
20	应记录植保产品的使用方法。 查：用药记录		
21	应记录植保产品的使用量。 查：用药记录		
22	应记录植保产品的施用人员。 查：用药记录		
23※	植保产品的使用遵守国家相关法律法规，严格执行安全间隔期的规定。 查：用药记录、采收记录		

续表

条款	检查项目	结论	备注（原因）
24	剩余药液或清洗废液应根据国家或地方法规进行处理。 查：现场查看		
25	对使用过的容器按照相关规定进行收集和处理。 查：现场查看		
26※	植保产品应有专门的地方进行储存，并有专人进行管理。 查：现场查看、领用记录		
(二) 肥料			
27	应保留使用的肥料的购货凭证，并记录相关情况。 查：肥料的购货凭证、入库记录		
28	应记录施肥的地块、果园或温室的有关信息。 查：施肥记录		
29	应记录所有肥料施用的日期。 查：施肥记录		
30	应记录所有肥料施用的类型。 查：施肥记录		
31	应记录所有肥料的施用量。 查：施肥记录		
32	应记录所有肥料的施用方法。 查：施肥记录		

续表

条款	检查项目	结论	备注（原因）
33	应记录施肥人员的姓名。 查：施肥记录		
34※	肥料的使用严格遵守国家相关规定。 查：施肥记录		
35	不允许使用人类生活的污水淤泥和城市垃圾。 查：现场查看、相关制度		
五、产品质量			
36※	产品质量应符合无公害食品行业标准的要求。 查：《产品检验报告》		
37※	收获的产品应与植保产品、有机肥料及化肥等农业投入品分开储存。 查：现场查看		
六、初级加工产品管理（适用于申报产品为初级加工产品的）			
38※	加工厂应有国家规定的资质。 查：生产许可证、卫生许可证		
39	制定了卫生管理和消毒制度，并严格执行。 查：文件资料、现场查看		
40	应按无公害食品加工技术规范生产。 查：加工技术规程、加工生产记录		
41※	加工原料应受控。辅料应符合相关规定的要求，不非法添加食品添加剂或非食用物质。 查：原辅料使用记录、现场查看		

续表

条款	检查项目	结论	备注（原因）
42	应有符合要求的产品贮藏和运输设施。 查：现场查看		
43	产品包装应符合无公害农产品包装的相关规定。 查：现场查看		

中央财政种植业保险保费补贴管理办法

财政部关于印发
《中央财政种植业保险保费补贴管理办法》的通知
财金〔2008〕26号

各省、自治区、直辖市财政厅（局），新疆生产建设兵团财务局，有关保险公司：

为做好中央财政种植业保险保费补贴工作，提高财政补贴资金使用效益，现将《中央财政种植业保险保费补贴管理办法》印发给你们，请遵照执行。执行中有何问题，请及时函告我部。

财政部
2008年2月26日

第一章 总 则

第一条 为积极支持解决"三农"问题，完善农村金融服务体系，逐步构建市场化的种植业生产风险保障体系，提高大宗农作物灾后恢复生产的能力，国家支持在全国范围内建立种植业保险制度，根据国务院有关文件精神，制定本办法。

第二条 本办法所称中央财政种植业保险保费补贴，是指财政部对省级政府引导有关农业保险经营机构（以下简称经办机构）开展的特定农作物的种植业保险业务，按照保费的一定比例，为投保的农户、龙头企业、专业合作经济组织提供补贴。

第三条 中央财政种植业保险保费补贴工作的基本原则是政府引导、市场运作、自主自愿、协同推进。

政府引导是指财政部、省级及省级以下财政部门（以下简称地方财政部门）通过保费补贴等调控手段，协同农业、水利、气象、宣传等部门，引导和鼓励农户、龙头企业、专业合作经济组织参加保险，积极推动种植业保险业务的开展，调动多方力量共同投入，增强种植业的抗风险能力。

市场运作是指财政投入要与市场经济规律相适应，种植业保险业务以经办机构的市场化经营为依托，经办机构要重视业务经营风险，建立风险预警管控机制，积极运用市场化手段防范和化解风险。

自主自愿是指农户、龙头企业、专业合作经济组织、经办机构、地方财政部门等有关各方的参与都要坚持自主自愿。在符合国家有关规定的基础上，各省、自治区、直辖市可因地制宜制定相关支持政策。

协同推进是指保费补贴政策要同农业信贷、其他支农惠农政策有机结合，以发挥财政政策的综合效应。农业、水利、气象、宣传、地方财政部门等有关各方应对经办机构的承保、查勘、定损、理赔、防灾防损等各项工作给予积极支持。

第二章 补贴范围

第四条 财政部提供保费补贴的种植业险种（以下简称补贴险种）的保险标的为种植面广，对促进"三农"发展有重要意义的大宗农作物，包括：

（一）玉米、水稻、小麦、棉花；

（二）大豆、花生、油菜等油料作物；

（三）根据国务院有关文件精神确定的其他农作物。

在上述补贴险种以外，财政部提供保费补贴的地区（以下简称补贴地区）可根据本地财力状况和农业特色，自主选择其他种植业险种予以支持。第五条各省、自治区、直辖市以及新疆生产建设兵团和中央直属垦区应本着自主自愿的原则，向财政部申请保费补贴，提交的申请材料应包括以下内容：

（一）目前本地种植业保险开展的基本情况，包括种植业保险的经营主体和经营模式、主要种植业险种、投保和理赔情况，地方政府对种植业保险的支持措施，如何组织和推动种植业保险开展等；

（二）确保中央财政种植业保险保费补贴工作取得成效的措施以及预计达到的效果，包括本地推动种植业保险工作的总体规划（3—5年）和支持政策，具体的保费补贴方案，承保、查勘、定损、理赔、防灾防损等各项工作的开展方案，补贴险种预计达到的投保率，如何发挥龙头企业的带动和辐射作用等。

财政部在对申请材料进行综合比较评定的基础上，结合国家农业政策导向、地方财政部门状况、地方政府积极性等因素，选择补贴地区。

第六条 补贴险种的保险责任为因人力无法抗拒的自然灾害，包括暴雨、洪水（政府行蓄洪除外）、内涝、风灾、雹灾、冻灾、旱灾、病虫草鼠害等对投保农作物造成的损失。

根据本地气象特点，补贴地区可从上述选择几种对本地种植业生产影响较大的自然灾害，列入本地补贴险种的保险责任。同时，补贴地区可选择其他灾害作为附加险保险责任予以支持，由此产生的保费，可由地方财政部门提供一定比例的保费补贴。

第七条 补贴险种按"低保障、广覆盖"来确定保障水平，以保障农户灾后恢复生产为出发点。保险金额原则上为保险标的生长期内所发生的直接物化成本（以国家权威部门公开的数据为标准），包括种子成本、化肥成本、农药成本、灌溉成本、机耕成本和地膜成本。

根据本地农户的支付能力，补贴地区可以适当提高或降低保障水平。有条件的地方，可参照保险标的的平均年产量确定保险金额，对于高于直接物化成本的保障部分，可由地方财政部门提供一定比例的保费补贴。

第八条 补贴险种的保险费率应根据保险责任、保险标的多年平均损失情况、地区风险水平等因素确定。

第九条 对于补贴险种，在补贴地区省级财政部门补贴25%的保费后，财政部再补贴35%的保费。其余保费由农户承担，或者由农户与龙头企业、地方财政部门等共同承担，具体比例由补贴地区自主确定。

投保农户根据应该承担的比例缴纳保费。

第十条 未纳入补贴地区的省、自治区、直辖市,可参照本办法第四条、第六条、第七条、第九条的有关规定确定本地种植业保险保费补贴险种、保险责任、保险金额及保费补贴比例。

第三章 保障措施

第十一条 种植业保险技术性强、参与面广,各省、自治区、直辖市对此应高度重视,结合本地财政状况、农户承受能力等因素,制定切实可行的保费补贴方案和相关推动措施。补贴地区省级财政部门应将上述事项报财政部备案。

第十二条 地方财政部门要认真做好保费补贴资金的筹集、拨付、管理、结算等各项工作,并会同农业、水利、气象、宣传等部门,相互配合,认真履行职责,共同把中央财政种植业保险保费补贴工作落到实处。

第十三条 补贴险种的保险条款,由补贴地区有关政府部门和经办机构根据本地实际情况协商制定。保单上要明确载明财政部、地方财政部门、农户、龙头企业等有关各方承担的保费比例和具体金额。保险条款应通俗易懂,表述清晰。补贴地区省级财政部门应将补贴险种的保险条款和保单报财政部备案。

第十四条 各省、自治区、直辖市要因地制宜探索切实可行的投保模式,坚持尊重农户意愿与提高组织程度相结合,采取多种形式组织农户统一投保、集中投保。要充分发挥龙头企业、专业合作经济组织、基层村级组织对农户的组织和服务功能，动员和带动农户投保。

第十五条　各省、自治区、直辖市应制定查勘定损工作标准，对定损办法、理赔起点、赔偿处理等具体问题做出规范，切实保护投保农户利益，补贴地区省级财政部门应将上述事项报财政部备案。

第十六条　各省、自治区、直辖市应采取有力措施推动种植业保险业务的开展，将保费补贴政策与其他支农惠农政策有机结合，积极引导农户投保，保证保费补贴资金发挥效用。

第十七条　各省、自治区、直辖市要科学运用保险手段，防范种植业生产风险。一方面，要稳步扩大保险覆盖面，充分发挥大数法则效应，另一方面，要合理确定保险范围，尽量减少逆选择和道德风险的发生。

第四章　资金预算编制管理

第十八条　财政部承担的保费补贴资金，列入年度中央财政预算。省本级承担的保费补贴资金，由省级财政部门预算安排，省级以下财政部门承担的保费补贴资金，由省级财政部门负责监督落实。

第十九条　地方财政部门应认真管理保费补贴资金。保费补贴资金实行专项管理、分账核算。

第二十条　省级财政部门应根据补贴险种的投保面积、保险费率、保险金额和保费补贴比例，测算财政部、地方财政部门各自应承担的保费补贴资金,编制保费补贴年度计划,于每年8月底以前向财政部提出下年度预算申请。财政部经审核后安排下年度保费补贴资金预算。

第二十一条 财政部于每年4月初以前下达本年度保费补贴资金预算。

第二十二条 省级财政部门应随时掌握保费补贴资金的实际使用情况。年度执行中,如因投保面积超过预计数而出现保费补贴资金不足时,省级财政部门应及时安排补足(包括财政部应承担的保费补贴资金部分),并在下年度向财政部提出申请弥补。

第二十三条 财政部和地方财政部门安排的保费补贴资金,应专款专用。保费补贴资金当年出现结余时,如下年度继续纳入补贴地区,则抵减下年度预算;如下年度不再纳入补贴地区,则中央结余部分全额返还财政部。

第二十四条 新疆生产建设兵团以及中央直属垦区的保费补贴资金,按现行预算管理体制拨付。

第五章 资金预算执行及监控管理

第二十五条 保费补贴资金实行国库集中支付。地方财政部门主管保费补贴工作的业务处负责代编资金支付用款计划,根据预算执行进度向同级财政国库部门提出财政直接支付申请。地方财政部门需通过中央专项资金财政零余额账户、中央专项资金特设专户,将保费补贴资金支付到经办机构。

第二十六条 尚未开设中央专项资金特设专户的地方,应当参照《财政部、教育部关于印发〈农村义务教育经费保障机制改革中央专项资金支付管理暂行办法〉的通知》（财库〔2006〕23号）等财政国库管理制度关于中央专项资金特设专户的有关要求，办理账户开设和信息备案手续。

第二十七条 财政部于每年2月10日以前参照上年度保费补贴资金预算及本年度保费补贴资金预算申请情况，向省级财政部门预拨部分本年度保费补贴资金。

第二十八条 在确认省级财政部门承担的本年度保费补贴资金全部到位以后，财政部根据本年度下达的保费补贴资金预算和年初预拨保费补贴资金情况，将剩余部分的保费补贴资金拨付到省级财政部门。

第二十九条 省级财政部门需将收到财政部拨付保费补贴资金后的预算分解文件、拨付保费补贴资金的预算文件以及财政部要求报送的其他有关信息，及时报财政部备案。

第三十条 地方财政部门应根据经办机构的承保进度及签单情况，及时向经办机构拨付保费补贴资金，不得拖欠。经办机构须将结余的保费补贴资金全部上缴地方财政部门。

第三十一条 省级财政部门应于年度终了后1个月内对上年度的保费补贴资金进行结算，编制保费补贴资金年度决算。

第三十二条 财政部通过财政国库动态监控系统，对保费补贴资金支付情况进行动态监控。地方财政国库部门签发财政直接支付指令需载明的信息，以及向财政部反馈的动态监控信息，按照《财政部关于财政农业保险保费补贴国库集中支付有关事项的通知》（财库〔2007〕58号）等有关规定执行。

第六章 机构管理

第三十三条 补贴险种经办机构要按"优胜劣汰"评选确定,评选应主要体现保险服务水平,避免恶性价格竞争。补贴地区省级财政部门应将经办机构名称、法人代表、收款的银行账号、联系人和联系电话报告财政部。

第三十四条 补贴险种经办机构应具备以下条件:

(一)已得到保险监督管理部门批准,可以经营农业保险业务;

(二)具备专门的技术人才和相关业务管理经验,能够做好条款设计、风险评估、费率厘定、赔偿处理等相关工作;

(三)机构网络设置健全,能够深入农村基层开展业务;

(四)具备一定资金实力,能够承受相关经营风险。

第三十五条 经办机构可以采取自营、与地方政府联办等模式开展业务,具体模式由各省、自治区、直辖市自主确定。

第三十六条 各省、自治区、直辖市相关政府部门应对经办机构的展业、承保、查勘、定损、理赔、防灾防损等各项工作给予积极支持。在符合国家有关规定的基础上,各省、自治区、直辖市可采取以险养险等措施,支持经办机构开展业务。

第三十七条 经办机构要增强社会责任感,要从服务"三农"的全局出发,积极稳妥地做好各项工作,把社会效益放在首位。要充分发挥经办机构的网络、人才、管理、服务等专业优势,为农户提供全方位服务。要不断加强业务宣传和人才培训,使农户了解保费补贴政策、保险条款等内容。要按照预防为主、防赔结合的方针，帮助农户防灾防损。要合理公正、公开透明、按照保险条款规定，迅速及时地做好灾后理赔工作。

第三十八条 经办机构应注重经营风险的防范和化解，量力而行，确保种植业保险工作稳步推进、健康持续发展。要积极利用再保险等市场化机制，努力分散经营风险。经办机构应按补贴险种当年保费收入25%的比例计提巨灾风险准备金，逐年滚存，逐步建立应对巨灾风险的长效机制。

第七章 监督检查

第三十九条 补贴地区省级财政部门应编制保费补贴资金使用情况表及财务报告，每半年一次上报财政部，并抄送财政部驻当地财政监察专员办事处。

补贴地区省级财政部门应于每年度终了后1个月内就上年度补贴险种开展情况向财政部做出专题报告，报告内容应包括投保规模、投保率、风险状况、经营结果等。

对于保费补贴工作中存在的问题，省级财政部门应及时向财政部报告。

第四十条 财政部将不定期对保费补贴资金进行监督检查，对保费补贴资金的使用情况和效果进行评价，并作为确定下年度补贴地区的依据之一。

第四十一条 经办机构应将巨灾风险准备金的提取和使用情况于每年度终了后1个月内报送财政部。

第四十二条 对于地方财政部门、经办机构提供虚假材料骗取保费补贴资金的,财政部将责令其改正,追回相应保费补贴资金,并按《财政违法行为处罚处分条例》(国务院令第427号)等国家有关规定给予处罚。

第四十三条 本办法自 2008 年 3 月 1 日起施行,原《财政部关于印发〈中央财政农业保险保费补贴试点管理办法〉的通知》(财金〔2007〕25 号)同时废止。

农业转基因生物安全管理条例

中华人民共和国国务院令

第 687 号

现公布《国务院关于修改部分行政法规的决定》,自公布之日起施行。

总理　李克强

2017 年 10 月 7 日

(2001 年 5 月 23 日中华人民共和国国务院令第 304 号发布;根据 2010 年 12 月 29 日国务院第 138 次常务会议通过的《国务院关于废止和修改部分行政法规的决定》第一次修正;根据 2017 年 10 月 7 日中华人民共和国国务院令第 687 号公布的《国务院关于修改部分行政法规的决定》第二次修正)

第一章 总 则

第一条 为了加强农业转基因生物安全管理，保障人体健康和动植物、微生物安全，保护生态环境，促进农业转基因生物技术研究，制定本条例。

第二条 在中华人民共和国境内从事农业转基因生物的研究、试验、生产、加工、经营和进口、出口活动，必须遵守本条例。

第三条 本条例所称农业转基因生物，是指利用基因工程技术改变基因组构成，用于农业生产或者农产品加工的动植物、微生物及其产品，主要包括：

（一）转基因动植物（含种子、种畜禽、水产苗种）和微生物；

（二）转基因动植物、微生物产品；

（三）转基因农产品的直接加工品；

（四）含有转基因动植物、微生物或者其产品成份的种子、种畜禽、水产苗种、农药、兽药、肥料和添加剂等产品。

本条例所称农业转基因生物安全，是指防范农业转基因生物对人类、动植物、微生物和生态环境构成的危险或者潜在风险。

第四条 国务院农业行政主管部门负责全国农业转基因生物安全的监督管理工作。

县级以上地方各级人民政府农业行政主管部门负责本行政区域内的农业转基因生物安全的监督管理工作。

县级以上各级人民政府有关部门依照《中华人民共和国食品安全法》的有关规定，负责转基因食品安全的监督管理工作。

第五条 国务院建立农业转基因生物安全管理部际联席会议制度。

农业转基因生物安全管理部际联席会议由农业、科技、环境保护、卫生、外经贸、检验检疫等有关部门的负责人组成，负责研究、协调农业转基因生物安全管理工作中的重大问题。

第六条 国家对农业转基因生物安全实行分级管理评价制度。

农业转基因生物按照其对人类、动植物、微生物和生态环境的危险程度，分为Ⅰ、Ⅱ、Ⅲ、Ⅳ四个等级。具体划分标准由国务院农业行政主管部门制定。

第七条 国家建立农业转基因生物安全评价制度。

农业转基因生物安全评价的标准和技术规范，由国务院农业行政主管部门制定。

第八条 国家对农业转基因生物实行标识制度。

实施标识管理的农业转基因生物目录，由国务院农业行政主管部门商国务院有关部门制定、调整并公布。

第二章 研究与试验

第十一条 从事农业转基因生物研究与试验的单位，应当具备与安全等级相适应的安全设施和措施，确保农业转基因生物研究与试验的安全，并成立农业转基因生物安全小组，负责本单位农业转基因生物研究与试验的安全工作。

第十二条 从事Ⅲ、Ⅳ级农业转基因生物研究的，应当在研究开始前向国务院农业行政主管部门报告。

第十三条 农业转基因生物试验，一般应当经过中间试验、环境释放和生产性试验三个阶段。

中间试验，是指在控制系统内或者控制条件下进行的小规模试验。

环境释放，是指在自然条件下采取相应安全措施所进行的中规模的试验。

生产性试验，是指在生产和应用前进行的较大规模的试验。

第十四条 农业转基因生物在实验室研究结束后，需要转入中间试验的，试验单位应当向国务院农业行政主管部门报告。

第十五条 农业转基因生物试验需要从上一试验阶段转入下一试验阶段的，试验单位应当向国务院农业行政主管部门提出申请；经农业转基因生物安全委员会进行安全评价合格的，由国务院农业行政主管部门批准转入下一试验阶段。

试验单位提出前款申请，应当提供下列材料：

（一）农业转基因生物的安全等级和确定安全等级的依据；

（二）农业转基因生物技术检测机构出具的检测报告；

（三）相应的安全管理、防范措施；

（四）上一试验阶段的试验报告。

第十六条 从事农业转基因生物试验的单位在生产性试验结束后，可以向国务院农业行政主管部门申请领取农业转基因生物安全证书。

试验单位提出前款申请，应当提供下列材料：

（一）农业转基因生物的安全等级和确定安全等级的依据；

（二）生产性试验的总结报告；

（三）国务院农业行政主管部门规定的试验材料、检测方法等其他材料。

国务院农业行政主管部门收到申请后，应当委托具备检测条件和能力的技术检测机构进行检测，并组织农业转基因生物安全委员会进行安全评价；安全评价合格的，方可颁发农业转基因生物安全证书。

第十七条 转基因植物种子、种畜禽、水产苗种，利用农业转基因生物生产的或者含有农业转基因生物成分的种子、种畜禽、水产苗种、农药、兽药、肥料和添加剂等，在依照有关法律、行政法规的规定进行审定、登记或者评价、审批前，应当依照本条例第十六条的规定取得农业转基因生物安全证书。

第十八条 中外合作、合资或者外方独资在中华人民共和国境内从事农业转基因生物研究与试验的，应当经国务院农业行政主管部门批准。

第三章　生产与加工

第十九条 生产转基因植物种子、种畜禽、水产苗种，应当取得国务院农业行政主管部门颁发的种子、种畜禽、水产苗种生产许可证。

生产单位和个人申请转基因植物种子、种畜禽、水产苗种生产许可证，除应当符合有关法律、行政法规规定的条件外，还应当符合下列条件：

（一）取得农业转基因生物安全证书并通过品种审定；

（二）在指定的区域种植或者养殖；

（三）有相应的安全管理、防范措施；

（四）国务院农业行政主管部门规定的其他条件。

第二十条 生产转基因植物种子、种畜禽、水产苗种的单位和个人，应当建立生产档案，载明生产地点、基因及其来源、转基因的方法以及种子、种畜禽、水产苗种流向等内容。

第二十一条 单位和个人从事农业转基因生物生产、加工的，应当由国务院农业行政主管部门或者省、自治区、直辖市人民政府农业行政主管部门批准。具体办法由国务院农业行政主管部门制定。

第二十二条 从事农业转基因生物生产、加工的单位和个人，应当按照批准的品种、范围、安全管理要求和相应的技术标准组织生产、加工，并定期向所在地县级人民政府农业行政主管部门提供生产、加工、安全管理情况和产品流向的报告。

第二十三条 农业转基因生物在生产、加工过程中发生基因安全事故时，生产、加工单位和个人应当立即采取安全补救措施，并向所在地县级人民政府农业行政主管部门报告。

第二十四条 从事农业转基因生物运输、贮存的单位和个人，应当采取与农业转基因生物安全等级相适应的安全控制措施，确保农业转基因生物运输、贮存的安全。

第四章 经 营

第二十五条 经营转基因植物种子、种畜禽、水产苗种的单位和个人，应当取得国务院农业行政主管部门颁发的种子、种畜禽、水产苗种经营许可证。

经营单位和个人申请转基因植物种子、种畜禽、水产苗种经营许可证，除应当符合有关法律、行政法规规定的条件外，还应当符合下列条件：

（一）有专门的管理人员和经营档案；

（二）有相应的安全管理、防范措施；

（三）国务院农业行政主管部门规定的其他条件。

第二十六条　经营转基因植物种子、种畜禽、水产苗种的单位和个人，应当建立经营档案，载明种子、种畜禽、水产苗种的来源、贮存、运输和销售去向等内容。

第二十七条　在中华人民共和国境内销售列入农业转基因生物目录的农业转基因生物，应当有明显的标识。

列入农业转基因生物目录的农业转基因生物，由生产、分装单位和个人负责标识；未标识的，不得销售。经营单位和个人在进货时，应当对货物和标识进行核对。经营单位和个人拆开原包装进行销售的，应当重新标识。

第二十八条　农业转基因生物标识应当载明产品中含有转基因成分的主要原料名称；有特殊销售范围要求的，还应当载明销售范围，并在指定范围内销售。

第二十九条　农业转基因生物的广告，应当经国务院农业行政主管部门审查批准后，方可刊登、播放、设置和张贴。

第五章　进口与出口

第三十条　从中华人民共和国境外引进农业转基因生物用

于研究、试验的，引进单位应当向国务院农业行政主管部门提出申请；符合下列条件的，国务院农业行政主管部门方可批准：

（一）具有国务院农业行政主管部门规定的申请资格；

（二）引进的农业转基因生物在国（境）外已经进行了相应的研究、试验；

（三）有相应的安全管理、防范措施。

第三十一条 境外公司向中华人民共和国出口转基因植物种子、种畜禽、水产苗种和利用农业转基因生物生产的或者含有农业转基因生物成分的植物种子、种畜禽、水产苗种、农药、兽药、肥料和添加剂的，应当向国务院农业行政主管部门提出申请；符合下列条件的，国务院农业行政主管部门方可批准试验材料入境并依照本条例的规定进行中间试验、环境释放和生产性试验：

（一）输出国家或者地区已经允许作为相应用途并投放市场；

（二）输出国家或者地区经过科学试验证明对人类、动植物、微生物和生态环境无害；

（三）有相应的安全管理、防范措施。

生产性试验结束后，经安全评价合格，并取得农业转基因生物安全证书后，方可依照有关法律、行政法规的规定办理审定、登记或者评价、审批手续。

第三十二条 境外公司向中华人民共和国出口农业转基因生物用作加工原料的，应当向国务院农业行政主管部门提出申请，提交国务院农业行政主管部门要求的试验材料、检测方法等材料；符合下列条件，经国务院农业行政主管部门委托的、具备检测条件和能力的技术检测机构检测确认对人类、动植物、微生物和生态环境不存在危险，并经安全评价合格的，由国务院农业行政主管部门颁发农业转基因生物安全证书：

（一）输出国家或者地区已经允许作为相应用途并投放市场；

（二）输出国家或者地区经过科学试验证明对人类、动植物、微生物和生态环境无害；

（三）有相应的安全管理、防范措施。

第三十三条 从中华人民共和国境外引进农业转基因生物的，或者向中华人民共和国出口农业转基因生物的，引进单位或者境外公司应当凭国务院农业行政主管部门颁发的农业转基因生物安全证书和相关批准文件，向口岸出入境检验检疫机构报检；经检疫合格后，方可向海关申请办理有关手续。

第三十四条 农业转基因生物在中华人民共和国过境转移的，应当遵守中华人民共和国有关法律、行政法规的规定。

第三十五条 国务院农业行政主管部门应当自收到申请人申请之日起270日内作出批准或者不批准的决定，并通知申请人。

第三十六条 向中华人民共和国境外出口农产品，外方要求提供非转基因农产品证明的，由口岸出入境检验检疫机构根据国务院农业行政主管部门发布的转基因农产品信息，进行检测并出具非转基因农产品证明。

第三十七条 进口农业转基因生物，没有国务院农业行政主管部门颁发的农业转基因生物安全证书和相关批准文件的，或者与证书、批准文件不符的,作退货或者销毁处理。进口农业转基因生物不按照规定标识的,重新标识后方可入境。

第六章 监督检查

第三十八条 农业行政主管部门履行监督检查职责时,有权采取下列措施:

(一)询问被检查的研究、试验、生产、加工、经营或者进口、出口的单位和个人、利害关系人、证明人,并要求其提供与农业转基因生物安全有关的证明材料或者其他资料;

(二)查阅或者复制农业转基因生物研究、试验、生产、加工、经营或者进口、出口的有关档案、账册和资料等;

(三)要求有关单位和个人就有关农业转基因生物安全的问题作出说明;

(四)责令违反农业转基因生物安全管理的单位和个人停止违法行为;

(五)在紧急情况下,对非法研究、试验、生产、加工、经营或者进口、出口的农业转基因生物实施封存或者扣押。

第三十九条 农业行政主管部门工作人员在监督检查时,应当出示执法证件。

第四十条 有关单位和个人对农业行政主管部门的监督检查,应当予以支持、配合,不得拒绝、阻碍监督检查人员依法执行职务。

第四十一条 发现农业转基因生物对人类、动植物和生态环境存在危险时,国务院农业行政主管部门有权宣布禁止生产、加工、经营和进口，收回农业转基因生物安全证书，销毁有关存在危险的农业转基因生物。

第七章 罚 则

第四十二条 违反本条例规定，从事Ⅲ、Ⅳ级农业转基因生物研究或者进行中间试验，未向国务院农业行政主管部门报告的，由国务院农业行政主管部门责令暂停研究或者中间试验，限期改正。

第四十三条 违反本条例规定，未经批准擅自从事环境释放、生产性试验的，已获批准但未按照规定采取安全管理、防范措施的，或者超过批准范围进行试验的，由国务院农业行政主管部门或者省、自治区、直辖市人民政府农业行政主管部门依据职权，责令停止试验，并处1万元以上5万元以下的罚款。

第四十四条 违反本条例规定，在生产性试验结束后，未取得农业转基因生物安全证书，擅自将农业转基因生物投入生产和应用的，由国务院农业行政主管部门责令停止生产和应用，并处2万元以上10万元以下的罚款。

第四十五条 违反本条例第十八条规定，未经国务院农业行政主管部门批准，从事农业转基因生物研究与试验的，由国务院农业行政主管部门责令立即停止研究与试验，限期补办审批手续。

第四十六条 违反本条例规定，未经批准生产、加工农业转基因生物或者未按照批准的品种、范围、安全管理要求和技术标准生产、加工的，由国务院农业行政主管部门或者省、自治区、直辖市人民政府农业行政主管部门依据职权,责令停止生产或者加工,没收违法生产或者加工的产品及违法所得;违法所得10万元以上的,并处违法所得1倍以上5倍以下的罚款;没有违法所得或者违法所得不足10万元的,并处10万元以上20万元以下的罚款。

第四十七条 违反本条例规定,转基因植物种子、种畜禽、水产苗种的生产、经营单位和个人,未按照规定制作、保存生产、经营档案的,由县级以上人民政府农业行政主管部门依据职权,责令改正,处1000元以上1万元以下的罚款。

第四十八条 违反本条例规定,未经国务院农业行政主管部门批准,擅自进口农业转基因生物的,由国务院农业行政主管部门责令停止进口,没收已进口的产品和违法所得;违法所得10万元以上的,并处违法所得1倍以上5倍以下的罚款;没有违法所得或者违法所得不足10万元的,并处10万元以上20万元以下的罚款。

第四十九条 违反本条例规定,进口、携带、邮寄农业转基因生物未向口岸出入境检验检疫机构报检的,由口岸出入境检验检疫机构比照进出境动植物检疫法的有关规定处罚。

第五十条 违反本条例关于农业转基因生物标识管理规定的,由县级以上人民政府农业行政主管部门依据职权,责令限期改正,可以没收非法销售的产品和违法所得,并可以处1万元以上5万元以下的罚款。

第五十一条 假冒、伪造、转让或者买卖农业转基因生物有关证明文书的,由县级以上人民政府农业行政主管部门依据职权,收缴相应的证明文书,并处2万元以上10万元以下的罚款；构成犯罪的，依法追究刑事责任。

第五十二条 违反本条例规定，在研究、试验、生产、加工、贮存、运输、销售或者进口、出口农业转基因生物过程中发生基因安全事故，造成损害的，依法承担赔偿责任。

第五十三条 国务院农业行政主管部门或者省、自治区、直辖市人民政府农业行政主管部门违反本条例规定核发许可证、农业转基因生物安全证书以及其他批准文件的，或者核发许可证、农业转基因生物安全证书以及其他批准文件后不履行监督管理职责的，对直接负责的主管人员和其他直接责任人员依法给予行政处分；构成犯罪的，依法追究刑事责任。

第八章　附　则

第五十四条 本条例自公布之日起施行。

农业野生植物保护办法

中华人民共和国农业部令

2016 年第 3 号

为贯彻国务院关于部门规章和文件清理工作的要求，农业部决定：

一、对 2 部规章和 12 部规范性文件予以废止。

二、对 12 部规章和 2 部规范性文件的部分条款予以修改。

本决定自 2016 年 6 月 1 日起施行。

附件：1. 农业部决定废止的规章和规范性文件（略）
2. 农业部决定修改的规章和规范性文件（略）

中华人民共和国农业部
2016 年 5 月 30 日

（2002年9月6日农业部令第21号公布；根据2004年7月1日农业部令第38号、2013年12月31日农业部令2013年第5号、2016年5月30日农业部令第3号修订）

第一章 总　则

第一条 为保护和合理利用珍稀、濒危野生植物资源，保护生物多样性，加强野生植物管理，根据《中华人民共和国野生植物保护条例》（以下简称《条例》），制定本办法。

第二条 本办法所称野生植物是指符合《条例》第二条第二款规定的野生植物，包括野生植物的任何部分及其衍生物。

第三条 农业部按照《条例》第八条和本办法第二条规定的范围，主管全国野生植物的监督管理工作，并设立野生植物保护管理办公室负责全国野生植物监督管理的日常工作。

农业部野生植物保护管理办公室由部内有关司局组成。

县级以上地方人民政府农业（畜牧、渔业）行政主管部门（以下简称农业行政主管部门）依据《条例》和本办法规定负责本行政区域内野生植物监督管理工作。

第二章 野生植物保护

第四条 国家重点保护野生植物名录的制定和调整由农业部野生植物保护管理办公室提出初步意见，经农业部野生植物保护专家审定委员会审定通过后，由农业部按照《条例》第十条第二款的规定报国务院批准公布。

第五条 农业部和省级农业行政主管部门负责在国家重点保护野生植物物种天然集中分布区域,划定并建立国家级或省级国家重点保护野生植物类型自然保护区。

国家级和省级国家重点保护野生植物类型自然保护区的建立,按照《中华人民共和国自然保护区条例》有关规定执行。

第六条 县级以上地方人民政府农业行政主管部门可以在国家级或省级野生植物类型保护区以外的其他区域,建立国家重点保护野生植物保护点或者设立保护标志。

国家重点保护野生植物保护点和保护标志的具体管理办法,由农业部野生植物保护管理办公室负责统一制定。

第七条 农业部根据需要,组织野生植物资源调查,建立国家重点保护野生植物资源档案,为确定国家重点保护野生植物名录及保护方案提供依据。

第八条 农业部建立国家重点保护野生植物监测制度,对国家重点保护野生植物进行动态监测。

第九条 县级以上农业行政主管部门所属的农业环境监测机构,负责监视、监测本辖区内环境质量变化对国家或地方重点保护野生植物生长情况的影响,并将监视、监测情况及时报送农业行政主管部门。

第十条 在国家重点保护野生植物生长地或周边地区实施建设项目,建设单位应当在该建设项目环境影响评价报告书中对是否影响野生植物生存环境作出专项评价。

建设项目所在区域农业行政主管部门依据《条例》规定,对上述专项评价进行审查,并根据审查结果对建设项目提出具体意见。

第十一条　对国家重点保护野生植物及其生长环境造成危害的单位和个人，应当及时采取补救措施，并报当地农业行政主管部门，接受调查处理。

第十二条　各级农业行政主管部门应当积极开展野生植物保护的宣传教育工作。

第三章　野生植物管理

第十三条　禁止采集国家一级保护野生植物。有下列情形之一，确需进行少量采集的，应当申请办理采集许可证。

（一）进行科学考察、资源调查，应当从野外获取野生植物标本的；

（二）进行野生植物人工培育、驯化，应当从野外获取种源的；

（三）承担省部级以上科研项目，应当从野外获取标本或实验材料的；

（四）因国事活动需要，应当提供并从野外获取野生植物活体的；

（五）因调控野生植物种群数量、结构，经科学论证应当采集的。

第十四条　申请采集国家重点保护野生植物，有下列情形之一的，不予发放采集许可证：

（一）申请人有条件以非采集的方式获取野生植物的种源、产品或者达到其目的的；

（二）采集申请不符合国家或地方有关规定，或者采集申请的采集方法、采集时间、采集地点、采集数量不当的；

（三）根据野生植物资源现状不宜采集的。

第十五条　申请采集国家重点保护野生植物，应当填写《国家重点保护野生植物采集申请表》，经采集地县级农业行政主管部门签署审核意见后，向采集地省级农业行政主管部门或其授权的野生植物保护管理机构申请办理采集许可证。

采集城市园林或风景名胜区内的国家重点保护野生植物，按照《条例》第十六条第三款和前款有关规定办理。

第十六条　申请采集国家一级重点保护野生植物的，还应当提供以下材料：

（一）进行科学考察、资源调查，需要从野外获取野生植物标本的，或者进行野生植物人工培育、驯化，需要从野外获取种源的，应当提供省级以上行政主管部门批复的项目审批文件、项目任务书（合同书）及执行方案（均为复印件）。

（二）承担省部级以上科研项目，需要从野外获取标本或实验材料的，应当提供项目审批文件、项目任务书（合同书）及执行方案（均为复印件）。

（三）因国事活动，需要提供并从野外获取野生植物活体的，应当出具国务院外事行政主管部门的证明文件（复印件）。

（四）因调控野生植物种群数量、结构，经科学论证需要采集的，应当出具省级以上农业行政主管部门或省部级以上科研机构的论证报告或说明。

第十七条　负责签署审核意见的农业行政主管部门应当自受理申请之日起 20 日内签署审核意见。同意采集的，报送上级农业行政主管部门审批。

负责核发采集许可的农业行政主管部门或其授权的野生植物保护管理机构,应当在收到下级农业行政主管部门报来的审核材料之日起20日内,作出批准或不批准的决定,并及时通知申请者。

接受授权的野生植物保护管理机构在作出批准或者不批准的决定之前,应当征求本部门业务主管单位的意见。

农业行政主管部门或其授权的野生植物保护管理机构核发采集许可证后,应当抄送同级环境保护行政主管部门备案。

省级农业行政主管部门或其授权的野生植物保护管理机构核发采集许可证后,应当向农业部备案。

第十八条 取得采集许可证的单位和个人,应当按照许可证规定的植物种(或亚种)、数量、地点、期限和方式进行采集。采集作业完成后,应当及时向批准采集的农业行政主管部门或其授权的野生植物保护管理机构申请查验。

县级农业行政主管部门对在本辖区内的采集国家或地方重点保护野生植物的活动,应当进行实时监督检查,并应及时向批准采集的农业行政主管部门或其授权的野生植物保护管理机构报告监督检查结果。

第十九条 出售、收购国家二级保护野生植物的,应当填写《出售、收购国家重点保护二级野生植物申请表》,省级农业行政主管部门或其授权的野生植物保护管理机构自收到申请之日起20日内完成审查,作出是否批准的决定,并通知申请者。

由野生植物保护管理机构负责批准的,野生植物保护管理机构在做出批准或者不批准的决定之前，应当征求本部门业务主管单位的意见。

第二十条　出售、收购国家二级保护野生植物的许可为一次一批。

出售、收购国家二级保护野生植物的许可文件应当载明野生植物的物种名称（或亚种名）、数量、期限、地点及获取方式、来源等项内容。

第二十一条　国家重点保护野生植物的采集限定采集方式和规定禁采期。

国家重点保护野生植物的采集方式和禁采期由省级人民政府农业行政主管部门负责规定。

禁止在禁采期内或者以非法采集方式采集国家重点保护野生植物。

第二十二条　出口国家重点保护野生植物，或者进出口中国参加的国际公约所限制进出口的野生植物，应当填报《国家重点保护野生植物进出口许可申请表》，并经申请者所在地省级农业行政主管部门签署审核意见后，报农业部办理《国家重点保护野生植物进出口许可审批表》。农业部应当自收到省级农业行政主管部门报来的审核材料之日起20日作出是否批准的决定，并通知申请者。

农业部野生植物保护管理办公室在报批前应当征求部内相关业务司局的意见。

农业部野生植物保护管理办公室应当将签发的进出口许可审批表抄送国务院环境保护部门和国家濒危物种进出口管理机构。

第二十三条 申请出口国家重点保护野生植物，或者进出口中国参加的国际公约所限制进出口的野生植物的，应当提供以下材料：

（一）国家重点保护野生植物进出口许可申请表。

（二）申请单位的法人证明文件复印件。

（三）进出口合同（协议）复印件。

（四）出口野生植物及其产品的，应当提供省级以上农业行政主管部门或其授权机构核发的《国家重点保护野生植物采集许可证》复印件；野生植物来源为收购的，还应当提供省级农业行政主管部门出具的出售、收购审批件及购销合同（均为复印件）。

（五）出口含有国家重点保护农业野生植物成分产品的，应当提供由产品生产单位所在地省级以上农业行政主管部门认可的产品成分及规格的说明，以及产品成分检验报告。

（六）以贸易为目的的，还应当提供国务院外经贸部门或授权机构核发的进出口企业资格证书复印件。

第二十四条 经省级农业行政主管部门批准进行野外考察的外国人，应当在地方农业行政主管部门有关人员的陪同下，按照规定的时间、区域、路线、植物种类进行考察。

考察地省级农业行政主管部门或其授权的野生植物保护管理机构应当对外国人在本行政区域内的考察活动进行现场监督检查，并及时将监督检查情况报告农业部野生植物保护管理办公室。

外国人野外科学考察结束离境之前，应当向省级农业行政主管部门提交此次科学考察的报告副本。

第四章 奖励与处罚

第二十五条 在野生植物资源保护、科学研究、培育利用、宣传教育及其管理工作中成绩显著的单位和个人,县级以上人民政府农业行政主管部门予以表彰和奖励。

第二十六条 违反本办法规定,依照《条例》的有关规定追究法律责任。

第五章 附 则

第二十七条 本办法规定的《国家重点保护野生植物采集申请表》、《国家重点保护野生植物采集许可证》、《国家重点保护野生植物进出口许可申请表》和《国家重点保护野生植物进出口许可审批表》等文书格式,由农业部规定。有关表格由农业部野生植物保护管理办公室统一监制。《出售、收购国家重点保护二级野生植物申请表》等其他文书格式由省级农业行政主管部门规定。

第二十八条 本办法由农业部负责解释。

第二十九条 本办法自2002年10月1日起施行。

出口食品原料种植场备案管理规定

中华人民共和国
国家质量监督检验检疫总局公告
2012 年第 56 号

关于发布《出口食品原料种植场备案管理规定》的公告

按照《中华人民共和国食品安全法》及其实施条例等法律法规的有关规定，为进一步做好出口食品原料种植场备案工作，国家质检总局制定了《出口食品原料种植场备案管理规定》，现予发布实施。

特此公告。

二〇一二年四月五日

第一章 总 则

第一条 为加强出口食品原料质量安全管理，根据《中华人民共和国食品安全法》及其实施条例、《国务院关于加强食品等产品安全监督管理的特别规定》和《进出口食品安全管理办法》等有关规定，制定本规定。

第二条 本规定适用于国家质量监督检验检疫总局（以下简称国家质检总局）规定实施备案管理的原料品种目录中原料种植场的备案和监督管理。

第三条 国家质检总局主管全国出口食品原料种植场备案管理工作。

国家质检总局设在各地的出入境检验检疫机构（以下简称检验检疫机构）负责所辖区域出口食品原料种植场的备案和监督检查工作。

第四条 国家质检总局鼓励各级检验检疫机构在与地方政府有关部门建立合作机制框架下，共同做好出口食品原料种植场的备案工作。

第二章 备案申请

第五条 出口食品生产加工企业、种植场、农民专业合作经济组织或者行业协会等具有独立法人资格的组织均可以作为申请人向种植场所在地的检验检疫机构提出备案申请。

第六条 备案种植场应当具备以下条件：

（一）有合法经营种植用地的证明文件；

（二）土地相对固定连片，周围具有天然或者人工的隔离带（网），符合当地检验检疫机构根据实际情况确定的土地面积要求；

（三）大气、土壤和灌溉用水符合国家有关标准的要求，种植场及周边无影响种植原料质量安全的污染源；

（四）有专门部门或者专人负责农药等农业投入品的管理，有适宜的农业投入品存放场所，农业投入品符合中国或者进口国家（地区）有关法规要求；

（五）有完善的质量安全管理制度，应当包括组织机构、农业投入品使用管理制度、疫情疫病监测制度、有毒有害物质控制制度、生产和追溯记录制度等；

（六）配置与生产规模相适应、具有植物保护基本知识的专职或者兼职植保员；

（七）法律法规规定的其他条件。

第七条　申请人应当在种植生产季开始前3个月向种植场所在地的检验检疫机构提交书面备案申请，并提供以下材料，一式二份：

（一）出口食品原料种植场备案申请表（附表1）；

（二）申请人工商营业执照或者其他独立法人资格证明的复印件；

（三）申请人合法使用土地的有效证明文件以及种植场平面图；

（四）种植场的土壤和灌溉用水的检测报告；

（五）要求种植场建立的各项质量安全管理制度，包括组织机构、农业投入品管理制度、疫情疫病监测制度、有毒有害物质控制制度、生产和追溯记录制度等；

（六）种植场负责人或者经营者、植保员身份证复印件，植保员有关资格证明或者相应学历证书复印件；

（七）种植场常用农业化学品清单；

（八）法律法规规定的其他材料。

上述资料均需种植场申请人加盖本单位公章。

第三章 受理与审核

第八条 申请人提交材料齐全的，种植场所在地检验检疫机构应当受理备案申请。

申请人提交材料不齐全的，种植场所在地检验检疫机构应当当场或者在接到申请后5个工作日内一次性书面告知申请人补正，以申请人补正材料之日为受理日期。

第九条 种植场所在地检验检疫机构受理申请后，应当根据本规定第六条和第七条的规定进行文件审核，必要时可以实施现场审核。审核须填写《出口食品原料种植场备案审核记录表》（附表2）。

第十条 审核符合条件的，给予备案编号，编号规则为"省（自治区、直辖市）行政区划代码（6位）+产品代码（拼音首位字母）+5位流水号"。不符合条件的，不予备案，由种植场所在地的检验检疫机构书面通知申请人，并告知不予备案原因。

第十一条 审核工作应当自受理之日起20个工作日内完成。

第四章 监督管理

第十二条 种植场所在地检验检疫机构负责对备案种植场实施监督检查。

第十三条 种植场所在地检验检疫机构对备案种植场每年至少实施一次监督检查。监督检查包括以下内容：

（一）种植场及周围环境、土壤和灌溉用水等状况；

（二）农业投入品管理和使用情况；

（三）种植场病虫害防治情况；

（四）种植品种、面积以及采收、销售情况；

（五）种植场的资质、植保员资质变更情况；

（六）质量安全管理制度运行情况；

（七）种植场生产记录，包括出具原料供货证明文件等情况；

（八）法律、法规规定的其他内容。

检验检疫机构对备案种植场进行监督检查，应当记录监督检查的情况和处理结果，填写《出口食品原料种植场监督检查记录表》（附表3），并告知申请人。监督检查记录经监督检查人员和种植场签字后归档。

第十四条 种植场负责人、植保员等发生变化的，种植场申请人应当自变更之日起30天内向种植场所在地检验检疫机构申请办理种植场备案变更手续。

种植场申请人更名、种植场位置或者面积发生重大变化、种植场及周边种植环境有较大改变，以及其他较大变更情况，种植场申请人应当自变更之日起30天内重新申请种植场备案。

第十五条 备案种植场有下列情形之一的，检验检疫机构应当书面通知种植场申请人限期整改：

（一）周围种植环境有污染风险的；

（二）存放我国和进口国家（地区）禁用农药以及不按规定使用农药的；

（三）产品中有毒有害物质检测结果不合格的；

（四）产品中检出的有毒有害物质与申明使用的农药、化肥等农业投入品明显不符的；

（五）种植场负责人、植保员发生变化后30天内未申请变更的；

（六）实际原料供货量超出种植场生产能力的；

（七）种植场各项记录不完整，相关制度未有效落实的；

（八）法律、法规规定其他需要改正的。

第十六条 备案种植场有下列情形之一的，检验检疫机构可以取消其备案编号：

（一）转让、借用、篡改种植场备案编号的；

（二）对重大疫情及质量安全问题隐瞒或谎报的；

（三）拒绝接受检验检疫机构监督检查的；

（四）使用中国或进口国家（地区）禁用农药的；

（五）产品中有毒有害物质超标一年内达到2次的；

（七）用其他种植场原料冒充本种植场原料的；

（八）种植场备案主体更名、种植场位置或者面积发生重大变化、种植场及周边种植环境有较大改变，以及其他较大变更情况，种植场备案主体未按规定重新申请备案的；

（九）2年内未种植或提供出口食品原料的；

（十）法律法规规定的其他情形。

第五章 上报和公布

第十七条 各直属检验检疫机构（以下简称直属局）应当

对本辖区内新增、取消和变更备案种植场信息进行汇总,填写《出口食品原料种植场备案情况统计表》(附表4)于每季度最后1个月28日前上报国家质检总局。种植场和对应生产加工企业不在同一直属局管辖的,种植场所在地的直属局还应当每季度将备案信息通报生产加工企业所在地的直属局,生产加工企业所在地直属局应当及时将产品中检出的有毒有害物质超标信息反馈给基地所在地直属局。

第十八条 国家质检总局在其网站上统一公布备案种植场名单。

第六章 附 则

第十九条 出口食品原料种植场有违法行为的,检验检疫机构依照有关法律法规的规定处理。

第二十条 国家质检总局此前发布的出口食品原料种植基地备案的相关规定与本规定不符的,以本规定为准。供港澳蔬菜种植基地备案管理按照国家质检总局的有关规定执行。

第二十一条 本规定由国家质检总局负责解释。

第二十二条 本规定自发布之日起施行。

附表1:出口食品原料种植场备案申请表(略)

附表2:出口食品原料种植场备案审核记录表(略)

附表3:出口食品原料种植场监督检查记录表(略)

附表4:出口食品原料种植场备案情况统计表(略)

全国普法学习读本

种植管理法律法规学习读本

种植专项法律法规

■ 曾朝 主编

加大全民普法力度,建设社会主义法治文化,树立宪法法律至上、法律面前人人平等的法治理念。

——中国共产党第十九次全国代表大会《决胜全面建成小康社会 夺取新时代中国特色社会主义伟大胜利》

汕头大学出版社

图书在版编目（CIP）数据

种植专项法律法规/曾朝主编.-- 汕头：汕头大学出版社，2023.4（重印）

（种植管理法律法规学习读本）

ISBN 978-7-5658-3524-7

Ⅰ.①种… Ⅱ.①曾… Ⅲ.①农业法-中国-学习参考资料 Ⅳ.①D922.44

中国版本图书馆CIP数据核字（2018）第037637号

种植专项法律法规　ZHONGZHI ZHUANXIANG FALÜ FAGUI

主　　编：	曾　朝
责任编辑：	邹　峰
责任技编：	黄东生
封面设计：	大华文苑
出版发行：	汕头大学出版社
	广东省汕头市大学路243号汕头大学校园内　邮政编码：515063
电　　话：	0754-82904613
印　　刷：	三河市元兴印务有限公司
开　　本：	690mm×960mm 1/16
印　　张：	18
字　　数：	226千字
版　　次：	2018年5月第1版
印　　次：	2023年4月第2次印刷
定　　价：	59.60元（全2册）

ISBN 978-7-5658-3524-7

版权所有，翻版必究

如发现印装质量问题，请与承印厂联系退换

前　言

习近平总书记指出："推进全民守法，必须着力增强全民法治观念。要坚持把全民普法和守法作为依法治国的长期基础性工作，采取有力措施加强法制宣传教育。要坚持法治教育从娃娃抓起，把法治教育纳入国民教育体系和精神文明创建内容，由易到难、循序渐进不断增强青少年的规则意识。要健全公民和组织守法信用记录，完善守法诚信褒奖机制和违法失信行为惩戒机制，形成守法光荣、违法可耻的社会氛围，使遵法守法成为全体人民共同追求和自觉行动。"

中共中央、国务院曾经转发了中央宣传部、司法部关于在公民中开展法治宣传教育的规划，并发出通知，要求各地区各部门结合实际认真贯彻执行。通知指出，全民普法和守法是依法治国的长期基础性工作。深入开展法治宣传教育，是全面建成小康社会和新农村的重要保障。

普法规划指出：各地区各部门要根据实际需要，从不同群体的特点出发，因地制宜开展有特色的法治宣传教育坚持集中法治宣传教育与经常性法治宣传教育相结合，深化法律进机关、进乡村、进社区、进学校、进企业、进单位的"法律六进"主题活动，完善工作标准，建立长效机制。

特别是农业、农村和农民问题，始终是关系党和人民事业发展的全局性和根本性问题。党中央、国务院发布的《关于推进社会主义新农村建设的若干意见》中明确提出要"加强农村法制建设，深入开展农村普法教育，增强农民的法制观念，提高农民依法行使权利和履行义务的自觉性。"多年普法实践证明，普及法律知识，提高法制观念，增强全社会依法办事意识具有重要作用。特别是在广大农村进行普法教育，是提高全民法律素质的需要。

多年来，我国在农村实行的改革开放取得了极大成功，农村发生了翻天覆地的变化，广大农民生活水平大大得到了提高。但是，由于历史和社会等原因，现阶段我国一些地区农民文化素质还不高，不学法、不懂法、不守法现象虽然较原来有所改变，但仍有相当一部分群众的法制观念仍很淡化，不懂、不愿借助法律来保护自身权益，这就极易受到不法的侵害，或极易进行违法犯罪活动，严重阻碍了全面建成小康社会和新农村步伐。

为此，根据党和政府的指示精神以及普法规划，特别是根据广大农村农民的现状，在有关部门和专家的指导下，特别编辑了这套《全国普法学习读本》。主要包括了广大人民群众应知应懂、实际实用的法律法规。为了辅导学习，附录还收入了相应法律法规的条例准则、实施细则、解读解答、案例分析等；同时为了突出法律法规的实际实用特点，兼顾地方性和特殊性，附录还收入了部分某些地方性法律法规以及非法律法规的政策文件、管理制度、应用表格等内容，拓展了本书的知识范围，使法律法规更"接地气"，便于读者学习掌握和实际应用。

在众多法律法规中，我们通过甄别，淘汰了废止的，精选了最新的、权威的和全面的。但有部分法律法规有些条款不适应当下情况了，却没有颁布新的，我们又不能擅自改动，只得保留原有条款，但附录却有相应的补充修改意见或通知等。众多法律法规根据不同内容和受众特点，经过归类组合，优化配套。整套普法读本非常全面系统，具有很强的学习性、实用性和指导性，非常适合用于广大农村和城乡普法学习教育与实践指导。总之，是全国全民普法的良好读本。

目　录

农作物良种科技创新规划

主要农作物良种科技创新规划（2016—2020 年） ……… (1)
附　录
　　水稻良种科技创新规划（2016—2020） ……………… (13)
　　小麦良种科技创新规划（2016—2020） ……………… (20)
　　玉米良种科技创新规划（2016—2020） ……………… (29)
　　大豆良种科技创新规划（2016—2020） ……………… (39)
　　棉花良种科技创新规划（2016—2020） ……………… (47)
　　油菜良种科技创新规划（2016—2020） ……………… (56)
　　蔬菜良种科技创新规划（2016—2020） ……………… (64)
　　《主要农作物良种科技创新规划（2016—2020）》解读 …… (71)

水稻机械化育插秧技术

水稻机械化育插秧技术要点（试行） ………………… (74)

中国小麦品质的区划

中国小麦品质区划方案（试行） ……………………… (80)

玉米生产管理

玉米生产机械化技术指导意见 ………………………… (85)

大豆生产管理

农业部关于促进大豆生产发展的指导意见 …………… (90)

大豆机械化生产技术指导意见 …………………………………（95）

棉花生产管理

全国棉花高产创建万亩示范片测产验收办法（试行）……（103）
转基因棉花种子生产经营许可规定………………………（108）
黄河流域棉区棉花机械化生产技术指导意见（试行）……（112）

油菜生产管理

油菜生产机械化技术要点（试行）…………………………（118）
油菜机械化生产技术指导意见………………………………（128）

农业部蔬菜生产信息监测管理办法（试行）

第一章　总　则……………………………………………（133）
第二章　机构与人员…………………………………………（134）
第三章　工作职责……………………………………………（134）
第四章　监测数据的处理和发布……………………………（137）
第五章　经费保障……………………………………………（137）
第六章　考核管理……………………………………………（137）
第七章　附　则……………………………………………（138）

— 2 —

农作物良种科技创新规划

主要农作物良种科技创新规划
（2016—2020 年）

科技部　农业部　教育部　中国科学院关于印发《主要农作物良种科技创新规划（2016—2020 年）》的通知
国科发农〔2016〕296 号

各省、自治区、直辖市及计划单列市科技厅（委、局）、农业厅（局）、教育厅（教委、局），新疆生产建设兵团科技局、农业局、教育局，有关单位：

为落实《国务院办公厅关于深化种业体制改革提高创新能力的意见》（国办发〔2013〕109 号），科技部、农业部、教育部、中国科学院共同编制了《主要农作物良种科技创新规划（2016—2020 年）》。现印发给你们，请结合本地实际，认真贯彻落实。

科技部　农业部
教育部　中国科学院
2016 年 9 月 14 日

种业是保障国家粮食安全的根本，良种是支撑现代种业发展的基础。根据《国务院关于加快推进现代农作物种业发展的意见》（国发〔2011〕8号）、《国务院办公厅关于深化种业体制改革提高创新能力的意见》（国办发〔2013〕109号）和《国务院印发关于深化中央财政科技计划（专项、基金等）管理改革方案的通知》（国发〔2014〕64号），依据《国家中长期科学与技术发展规划纲要（2006—2020年）》和《全国现代农作物种业发展规划（2012—2020年）》，制订本规划。

一、发展现状与需求

（一）发展现状

1. 优良品种选育为保障我国主要农产品供给作出重要贡献

建国以来，我国育成农作物新品种达20000余个，实现5—6次新品种大规模更新换代，推广了一批突破性优良新品种，例如杂交稻（汕优63、两优培九、扬两优6号、Y两优1号等）、优质高产小麦（扬麦158、郑麦9023、济麦22、矮抗58等）、杂交玉米（中单2号、丹玉13、掖单13、农大108、浚单20、郑单958等）、高产广适大豆（中黄13等）、转基因抗虫棉（中棉29、中棉所41、鲁棉研15等）、双低油菜（中双11号、华油杂62等）等优良品种，良种供应能力显著提高，良种覆盖率达到96%，品种对提高单产的贡献率达43%。农作物新品种对确保粮食产量持续增长做出了重大贡献。总体上，我国杂交水稻、转基因抗虫棉、杂交油菜、杂交小麦、杂交大豆等研究处于国际领先水平，杂交玉米、优质小麦、蔬菜等处于国际先进水平。

2. 主要农作物育种技术创新成效显著

我国农作物育种技术先后经历了优良农家品种筛选、矮化育种、杂种优势利用、分子育种等发展阶段。杂种优势利用有力提升了作物生产能力，推动了现代种业发展。野生稻雄性不育胞质的发现和应用诞生了三系杂交稻，光温敏核不育水稻资源的发现和应用诞生了两系法杂交稻，促使水稻杂种优势利用向更高水平发展，水稻产量大幅度提升。此外，玉米、油菜、棉花、蔬菜等主要作物杂种优势利用技术不断创新并得到有效应用。应用花药培养、组织细胞培养、原生质体等细胞工程技术及诱变育种技术，育成一批小麦、水稻和油菜等作物新品种。进入新世纪以来，以分子标记和转基因育种为代表的分子育种技术开始用于育种实践，利用基于分子标记选择与常规技术结合的分子标记育种技术体系，创制了一批大面积推广的农作物新品种。

3. 形成了具有中国特色的农作物良种科技创新体系

新中国成立以来，国家级、省地级科研院所及高等院校等科教单位始终是我国种业科技创新主体，育成了90%以上的主要农作物新品种，对我国种业科技发展和农业增产发挥了重要作用。特别是通过我国科技体制改革以及各类科技计划（863、科技支撑计划等）的实施，有效推动了我国农作物育种创新体系的建设和发展，形成了具有中国特色的发展格局，包括以国家级科研机构、高等院校等为主体的农业重大基础理论研究体系；以国家级农业科研机构、涉农大学和涉农重点企业参与形成的重大关键技术研究体系；以区域省级农业科研机构、农业大学为主体的区域创新体系；涵盖国家和省部级重点实验室、工程技术研究中心、农作物改良中心、协同创新中心等的基地平台体系。近年来，种子企业实力明显增强，培育了一批"育繁推一体化"种子企业，市场集中度逐步提高。

我国主要农作物育种科技历经几十年的发展，具备了从基础研究、应用研究到成果推广等创新与应用能力，基本满足了农业生产对品种的需求，但与发达国家还有很大差距。主要表现在：一是农作物良种科技原始创新能力仍然薄弱，在技术创新和产权专利方面与发达国家尚存在较大差距，种质资源创新不足，有育种利用价值和自主知识产权的新基因少，重大新品种缺乏。二是种业企业尚未成为良种科技投资和创新主体，我国现有的 5940 多家种子公司，其中注册资本 3000 万元以上的有 1136 家，绝大多数种子企业尚没有健全的研发体系，只有极少数的种子企业具有商业化育种能力。三是现行农作物良种科技创新体制机制难以满足现代种业发展的需求，种业发展仍处于初级阶段，种质资源、基因发掘、育种技术、品种选育、良种繁育与产业化推广脱节，良种科技研发与商业化种业发展机制尚未健全；另一方面，我国对良种科技攻关和种业发展管理部门多，缺乏统一规划和协调机制，在核心技术创新、重大技术的工程化集成和熟化能力创新方面，缺少大兵团攻关和协同运作，限制了重大品种的研发和产业化发展。因此，迫切需要创新发展模式，整合资源，形成科研分工合理、产学研紧密结合、运行高效的良种科技创新机制。

（二）发展需求

1. 强化良种科技创新是保障我国粮食安全的迫切要求

粮食安全是关系到我国社会稳定和经济发展的战略问题。据预测，到 2020 年我国实现全面小康社会目标的人均占有粮食要达到 437 公斤。然而，我国粮食安全在新的时期却面临新的严峻挑战。一是城市化和工业化将使得耕地资源逐步减少，保住 18 亿亩耕地红线困难很大。二是农业生态环境不断恶化将对粮食生产带来重大影响。水资源短缺使农田灌溉难以为继，全国常年缺水量约 3000 亿立方米，受旱面积达 1.95 亿~3 亿亩；过度施用农药化肥、土地沙化、盐碱化、土壤侵蚀、气候变暖以及废气废水的污染扩散，均给粮食生产带来极大隐患。三是随着我国人民生活水平和购买力不断提高，维持粮食总量和质量平衡、地区平衡和种类平衡的难度不断加大。尤其是近年来粮食进口不断攀升，但由于我国人口和人均粮食消费均在持续增长，依靠进口无法解决我国粮食安全问题。因此，培育和推广高产、优质、多抗、广适、资源高效利用农作物新品种，对于突破资源环境约束、确保国家粮食安全具有重大意义。

2. 增强良种科技创新能力是转变农业生产方式的重要支撑

随着我国城镇化和农业现代化的不断推进，农村人口大量迁移城市，农村劳动力急剧减少、成本急剧上升，实现农业生产的机械化和轻简化成为大势所趋。以往我国农业生产以单纯追求产量为主，拼资源、拼消耗，其实质是高成本、高消耗的发展模式。新时期的现代化农业必须依靠科技进步、依靠提高劳动者素质，把这种模式转变为数量、质量、效益并重的发展方式。发展现代育种技术，培育适宜机械化和轻简化作业、特色专用的重大作物新品种，是促进我国农业生产方式变革的重要支撑。

3. 现代科学技术的飞速发展为我国农作物良种科技创新提供了机遇

现代科学技术持续创新，引领农作物育种发生深刻变革。表型组学技术使种质资源鉴定评价不断深化，高通量测序和基因组学技术为基因发掘与应用带来了革命性的突破，引领农作物育种全面进入分子育种新阶段。以分子标记育种技术、分子设计技术、基因精准表达调控技术等为核心的现代生物技术广泛应用于农作物新品种培育，引领生物技术产品更新换代速度不断加快。当前，为了抢占种业竞争的制高点，世界主要国家及跨国种业集团纷纷加大投资力度，加速产品研发及产业化。因此，我国必须抓住赶超发达国家的历史机遇，使我国早日成为种业科技强国。

二、规划思路与原则

（一）规划思路

按照《国务院关于加快推进现代农作物种业发展的意见》（国发〔2011〕8号）、《国务院办公厅关于深化种业体制改革提高创新能力的意见》（国办发〔2013〕109号）和《国务院印发关于深化中央财政科技计划（专项、基金等）管理改革方案的通知》（国发〔2014〕64号）的整体规划和要求，围绕发展现代种业和培育战略新兴产业的重大需求，以提升自主创新为核心，按照"夯实研究基础、突破前沿技术、创制重大产品、培育新兴产业、引领现代农业"的总体思路，以水稻、小麦、玉米、大豆、棉花、油菜、蔬菜等主要农作物为对象，按照种质资源与基因发掘、育种技术、品种创制、良种繁育、种子加工与质量控制等科技创新链条，从基础研究、前沿技术、共性关键技术、产品创制与示范应用，实施全产业链育种科技攻关；优化政策环境，完善平台基地和人才队伍建设，显著提升我国农业综合生产能力和种业国际竞争力。

（二）基本原则

坚持种业全产业链科技攻关。系统规划基础研究、应用研究和产业研究的重点方向和内容，注重基础性、前瞻性、产业性科技项目的有机结合和相互支撑，发挥科研院所和种业企业两个作用。

坚持品种产业应用导向。针对制约粮食生产和调结构转方式的关键因素，培育具备抗病虫、抗逆、抗倒伏、广适、优质等性状的高产优良品种并大面积应用，为农业可持续发展提供科技支撑。

坚持重点支持与统筹兼顾相结合。对影响我国粮食安全及主要农产品供给的关键种业科技问题重点支持，统筹兼顾粮食、棉油、蔬菜等种业科技的全面发展。

坚持国家需求与市场导向紧密衔接。坚持遵循市场经济规则，体现国家战略目标，强化商业化育种体系建设，促进种业企业创新能力和国际竞争力的大幅提升。

三、规划目标

（一）总体目标

围绕国际农作物种业科技发展前沿和我国种业科技发展需求，以选育突破性水稻、小麦、玉米、油菜、大豆、棉花、蔬菜等主要农作物新品种为核心，以重大科学问题解析为基础，以优异基因挖掘、种质创新和育种新技术为关键，以新品种产业化为目标，突破种质创新、新品种选育、高效繁育、加工流通等关键环节的核心技术，提高种业科技创新能力；充分发挥市场在种业资源配置中的决定性作用，建立具有中国特色的科企紧密合作、利益共享的产学研联合攻关模式，提升企业自主创新能力，逐步确立企业商业化育种的主体地位，加快推进现代种业发展，为保障国家粮食安全和现代农业发展提供科技支撑。

(三) 具体指标

提升育种基础科研创新能力。突破产量、品质、抗性、资源高效利用等重要性状形成的分子机制及遗传规律，创新育种理论和方法；发掘主要农作物重要性状基因500个以上，创制优异育种新材料5000份以上。

提高良种创制水平。在种质创新、基因发掘、品种创制等关键环节，突破一批关键核心技术。创制高产优质、资源高效利用、环境友好、适宜机械化生产的新品种800个以上；品种选育效率提高50%。

提高良种繁育与应用能力。攻克良种繁育、种子加工与质量控制技术；示范推广农作物良种10亿亩，良种在农业增产中的贡献率达到50%以上，主要农作物良种覆盖率达到97%以上。

提升农作物育种支撑能力。培养中青年学科带头人和农作物育种创新团队；形成育种基础科研、共性技术和大数据信息共享平台；面向主产区完善品种测试网络，建立产业化示范基地；引导育种创新要素向企业集聚，增强种业企业育种创新能力。

大幅度提高我国种业国际竞争力。创建我国农作物种业全产业链科技创新体系，培植具有国际竞争力的育繁推一体化现代种业企业15~20个，重点企业研发投入强度达到销售收入10%以上，力争1~2个种业企业进入世界种业前10强。

四、主要攻关方向

(一) 优异种质资源鉴定与重要新基因挖掘

开展种质资源的基因型检测与重要性状精准鉴定和评价，研究种质资源的结构多样性和功能多样性，揭示主要农作物优异种质资源形成与演化规律；创制性状突出的优异新种质；研究主要农作物基因组变异，发掘优异新基因，解析重要性状形成的遗传机理与调控网络；研究杂种优势形成的遗传基础。

（二）重大育种技术与材料创新

创新分子标记、细胞与染色体工程、诱发突变、分子设计、全基因组选择、基因组编辑等技术，研究分子设计育种理论和方法，与常规育种技术组装集成，构建现代高效精准的分子育种技术体系；聚合优异基因，创制高产、优质、抗病虫、抗逆、资源高效利用、适合机械化作业等突破性育种新材料。

（三）重大新品种选育与试验示范

依据不同作物生态区域特点及育种目标，建立新品种标准化和规模化测试体系；强化多性状的协调改良，科学制定不同农作物、不同生态区的育种目标，选育主要农作物强优势杂交种和常规新品种。

（四）良种繁育与产业化关键技术

研究主要农作物新品种规模化高产高效制繁种技术，种子生产田间控制与采收技术，种子规模化加工技术，种子 DNA 指纹检测技术，种子安全储藏、物流与质量控制技术等。

（五）公益性作物育种平台基地建设

统筹构建高水平规模化的公益性作物育种基础研究平台，包括基因资源信息库、规模化表型与基因型鉴定平台、规模化育种材料创制平台等，快速提升重要种质资源基因挖掘、分子育种等新兴技术开发应用能力。面向主产区完善品种测试网络，完善综合性试验基地；加强四川、海南、甘肃等国家级育种示范基地建设。

（六）种业龙头企业培育

支持有实力的种子企业通过整合区域种业要素与资源，形成较为完善的品种研发、繁育与示范、生产与加工、销售与服务体系，建立商业化育种模式与机制，培植具有较强自主创新能力和核心竞争力现代种业企业。

五、重点任务

（一）主要农作物优异种质资源挖掘与创新

建立与完善主要农作物特异种质资源安全保存、基因源分析与种质创新技术体系；发掘遗传效应大、利用价值高的种质资源，创造和利用具有自主知识产权的新种质，促进我国种质资源丰富的优势转变为基因资源优势和产业竞争优势。

（二）主要农作物重要性状遗传基础与组学解析

研究主要农作物优异种质资源形成与演化规律，解析骨干亲本形成的遗传基础；克隆控制高产、优质、抗逆、抗病虫、资源高效利用、适应机械化等重要性状的关键基因，解析基因功能，阐明重要性状形成的分子机制；利用表型组、基因组、表观组、转录组、蛋白组、代谢组等组学技术，阐明重要性状的DNA-代谢产物网络、蛋白互作网络、转录调控网络和基因调控网络。

（三）主要农作物分子设计育种

定位高产、优质、抗逆、抗病虫、资源高效利用等重要性状基因，获得可供育种利用的分子标记；建立重要性状的表型、基因组及蛋白质组等数据库，构建品种分子设计信息系统；研究复杂性状主效基因选择、全基因组选择等技术，完善多基因分子聚合技术；研究基因组编辑技术；与传统育种技术相结合，建立基于品种分子设计的高效育种技术体系，聚合优异基因，培育突破性优良新品种。

（四）主要农作物染色体细胞工程与诱变育种

研发染色体和染色体片段准确识别与跟踪技术，建立分子染色体工程育种技术体系，构建以远缘杂交材料和染色体片段渗入系群体为核心的育种材料平台。研究体细胞和配子体细胞培养高频率再生技术，建立和完善分子细胞工程育种技术体系。研究新型诱变因素对生物体遗传稳定性的影响；开发大幅度提高基因突变频率和调控基因变异方向的诱变技术，建立突变基因高通量发掘与高效诱变育种技术体系,创制高产、优质、多抗等育种新材料和新品种。

(五)主要农作物强优势杂交种创制

开展主要农作物杂种优势形成机理研究;研究新型不育系和强优势杂交种亲本选育技术;种、亚种、生态型和杂种优势组群研究、改良与利用;杂种优势分子标记预测与利用技术;创建优异基因轮回选择库。建立作物杂种优势分子育种技术体系,聚合优良基因。创制育种新材料,培育强优势杂交水稻、玉米、棉花、小麦、油菜、大豆、蔬菜等新品种。

(六)主要农作物良种培育工程

以水稻、玉米、小麦、大豆、棉花、油菜、蔬菜等主要农作物为对象,研究种质资源管理、育种技术、品种测试网络、种子生产、信息化管理等技术,构建集约化、流水线式的商业化育种体系。强化多性状的协调改良,创制目标性状突出、综合性状优良的育种新材料;面向主产区,以提高产量、改善品质、增强抗性为重点,培育优质、高产、多抗、广适、适合机械化的重大新品种。

(七)主要农作物制繁种工程

强化主要农作物种子安全高效生产、加工与质量控制技术研究,制定针对不同农作物的种子规模化、标准化生产、加工、安全储藏与高通量、精准化质量控制技术标准,提高种子质量和种子生产效率;研究种子规模化加工中的烘干、仓储、包衣等关键技术、工艺流程及装备;完善主要农作物的高通量品种纯度快速检测技术和指纹图谱检测技术。

六、保障措施

(一)加强组织领导

建立健全农业科技的部门协商、部省会商机制,促进部门之间、中央与地方之间形成目标一致、职责明确、通力协作的新局面。强化国家目标需求和重大任务导向,优化资源配置,加强不同科技计划之间、研发和产业化链条各个环节的有机衔接。

（二）加快构建新型农业科技创新体系

健全由科研院所、大专院校和企业构成的农业科技创新体系。发挥基础性、公益性研究对我国种业创新驱动的引领和支撑作用，支持有实力的企业建立全产业链的种业科技创新体系。打破院所和企业界限，联合国内研发力量，建立科企紧密合作、利益共享的产学研联合攻关模式。

（三）强化创新人才队伍建设

加快领军型、复合型创新人才的培养和引进，提供更加有利的环境和条件，加大对创新团队的支持。鼓励科技人才在科教单位和企业之间通过兼职、挂职、实施项目等方式双向流动。改进科研人员薪酬和岗位管理制度，破除人才流动的体制机制障碍。

（四）加大农业科技创新条件能力建设

加强种业创新平台的规划，加快建设一批农业领域重大科学工程、重点实验室、科学观测试验站，完善形成一批"布局合理、运行高效"的农业科技创新平台。加强育种基地、南繁基地和种子生产基地建设。加强农业种质资源、农业标准体系等信息平台建设，提高共享水平。

（五）建立多元化投融资体系

通过优化整合后的中央财政科技计划（专项、基金等）支持符合条件的种业相关科技研发工作。充分发挥财政科技资金的引导作用，促进企业加大对种业相关科技研发活动的支持力度，使企业成为种业相关科技投入的主体。

（六）完善管理体系

强化各级农业部门的种子管理职能。完善品种管理制度，改进科研成果评价方式，完善育种成果奖励机制，建立以知识产权保护为核心的成果利益分配机制，形成有利于加强基础性公益性研究和解决生产实际问题的评价体系。鼓励科研院所和高等院校种业科技资源向企业流动，加强产学研合作提高企业自主创新能力。

（七）强化种业科技国际合作

结合一带一路的国家战略，鼓励种业创新要素实现"走出去"与"引进来"的跨境流动。支持在全球范围内引进先进技术、种质资源、育种材料，按国际规则惯例进行转化、吸收、再创新。鼓励我国种业具有优势技术和产能的领域走出去，开发国际市场，以及在全球范围内进行知识产权保护。

附件：1. 水稻良种科技创新规划（2016—2020）
2. 小麦良种科技创新规划（2016—2020）
3. 玉米良种科技创新规划（2016—2020）
4. 大豆良种科技创新规划（2016—2020）
5. 棉花良种科技创新规划（2016—2020）
6. 油菜良种科技创新规划（2016—2020）
7. 蔬菜良种科技创新规划（2016—2020）

附 录

水稻良种科技创新规划（2016—2020）

民以食为天，食以稻为先，水稻种业关乎国家粮食安全。为贯彻落实《国务院关于加快推进现代农作物种业发展的意见》（国发〔2011〕8号）和《国务院办公厅关于深化种业体制改革提高创新能力的意见》（国办发〔2013〕109号），制定本规划。

一、发展现状与需求

（一）现状与问题

我国水稻生产以秦岭淮河一线为界呈"南籼北粳"分布，形成了东北稻区、北方稻区、长江下游稻区、长江中游稻区、西南稻区、华南稻区等六大稻区的生产格局。2014年，我国水稻种植面积4.55亿亩，其中籼稻3.17亿亩，粳稻1.38亿亩；常规稻2.0亿亩、杂交稻2.55亿亩。水稻良种覆盖率达96%以上，对水稻增产贡献率超过43%；全国水稻种子市值为190亿元，占种业市场规模的21%，其中杂交水稻种子市值为149亿元。

我国水稻育种科技和应用整体处于国际先进水平，部分领先。先后取得了矮化育种、三系杂交水稻和两系杂交水稻及超级稻等数次育种技术与成果突破，推动了水稻种业快速发展。随着现代生物技术的发展，克隆了控制水稻产量、抗性、品质以及耐逆等重要性状的一系列基因，通过分子标记辅助育种技术育成一批在生产上广泛应用的新品种。几代育种家培育的水稻新品种和研发的新技术，特别是杂交水稻的发明及生产应用，为我国水稻实现持续增产做出了重要贡献。据不完全统计，目前全国有157家水稻主要育种科研院校和220家具有经营许可证的水稻种子企业，有骨干育种专家4000余人，每年育成约400个水稻新品种并应用于生产，杂交水稻种子商品化率为100%，常规水稻种子商品化率为64.8%。

然而，随着社会经济的发展和生产方式的改变，以单纯高产为主要创新目标的水稻育种模式已不能适应现代种业发展的新要求。主要问题：一是基础研究与新品种培育脱节，资源收集与种质创新脱节，突破性育种技术和关键育种材料缺乏；二是品种选育组织方式落后，低水平重复使得育成品种同质化问题严重；三是缺少适应机械化、轻简化栽培的品种，有效应对气候变化和日趋严重的稻作逆境的品种和技术储备不足；四是国内大多数水稻种业企业规模小，研发力量薄弱，商业化育种技术体系尚未成形，经营、技术和人才等水平距现代种业要求相差甚远。

（二）趋势与需求

粮食安全始终是关系到我国社会稳定和经济发展的战略问题，保障粮食安全始终是发展现代农业的首要任务。按照我国稻谷消费量增长率预测，到2025年，要保障我国口粮安全，就必须守住水稻生产2亿吨的基线。因此，必须高度重视水稻良种科技的自主创新能力提升，争夺产品和技术制高点，保障我国种业安全。

1. 科企合作是培育企业成为种业创新主体的主要途径

随着全球一体化进程的不断加快，跨国种业公司的资金和高端技术逐步进入我国种业市场，种业科技创新发展步伐加快。强化高校、科研院所与种业企业在人才、技术和种质资源上的交流与合作，通过产学研协同攻关，加快培育育繁推一体化种业企业，推进商业化育种体系构建，使国内企业成为种业科技创新主体。

2. 种质创新是满足品种多元化需求的重要基础

随着市场需求拓展和生产方式改变，品种需求呈现多元化趋势。在高产、优质、多抗育种目标的基础上，培育适宜机械化、轻简化生产和机械化制繁种的新品种以及绿色增产、特种稻等逐渐成为水稻育种发展的趋势。种质创新必须围绕品种多元化需求，重视具有重大应用前景的育种材料创制。

3. 分子育种逐渐成为良种创制的重要方向

在育种技术创新方面，以分子标记辅助选择、全基因组选择和分子设计技术等为代表的现代生物育种技术，在解决水稻近缘和远缘物种有利基因的应用方面提供了重要技术手段，促进了物种间遗传信息的交流与利用，已成为水稻育种发展的必然方向。

二、规划思路与原则

（一）规划思路

按照"国发〔2011〕8号"和"国办发〔2013〕109号"文件的整体规划和要求，围绕"夯实研究基础、突破前沿技术、创制重大产品、培育新兴产业、引领现代农业"的总体思路，以发展现代水稻产业、保障国家粮食安全和促进农民增收为目标，针对不同稻区、不同生产方式，深入开展种质创新、基因发掘、育种新技术等公益性基础性研究，逐步建立商业化育种技术体系，使企业成为育种创新主体，加强科企合作，形成产学研一体的协同攻关模式，推进产业化，确保国家粮食安全。

（二）基本原则

坚持原始创新，强化公益性基础研究。鼓励科研院所和高等院校加强水稻公益性基础研究，系统规划研究重点和内容，加快研发适应现代水稻种业发展的新方法、新技术、新材料，不断提升我国水稻科技创新能力。

坚持科企合作，突出商业化育种主体。促进产学研紧密结合，建立以企业为主体的商业化育种新机制，鼓励"育繁推一体化"种业企业加大科研投入，选育丰产优质多抗广适的水稻新品种，加速水稻良种产业化。

坚持统筹规划，促进全产业协调发展。不同生态区水稻育种攻关目标各有侧重，杂交稻与常规稻并重、籼稻与粳稻兼顾、多种技术路线并行、不同类型品种统筹，促进水稻产业全面协调发展。

三、规划目标

（一）总体目标

围绕新形势下国家粮食安全战略目标的总体要求，以高产优质、环境友好、轻简高效、适宜机械化的水稻新品种选育为重点，建立主体明确、分工合理、产学研紧密结合的国家水稻良种重大科研联合攻关新机制，初步建成以企业为主体的商业化育种技术体系，创新育种方法、技术，创制一批突破性新材料、新品种。到2020年使我国水稻良种产业整体达到国际领先水平，保障水稻产业持续健康发展。

（二）具体目标

种质创新：发掘和定位水稻重要性状基因80个以上，开发重要性状分子标记150个以上；创制优异育种新材料200份以上。

核心技术：在育种方法、基因发掘、种质创新、品种测试、良种繁育、种子加工贮藏与质量控制等关键环节，形成一批种业关键核心技术，建成一批高水平共性技术创新平台和品种培育基地，基本形成市场导向的种业技术创新链。

品种创制：创制高产优质、环境友好、高抗广适、适宜轻简栽培和机械化生产的水稻重大新品种280个以上。

品种产业化：示范推广良种2亿亩，良种增产贡献率达到50%以上；确保杂交水稻种子商品化率保持100%，常规水稻种子商品化率达到80%以上。

企业培育：培育3~5个具有国际竞争力的育繁推一体化现代种业集团，企业研发投入强度达到销售收入10%以上，力争1个进入世界种业前10强。

四、主要攻关方向

(一) 优异基因发掘与种质资源创新

建立种质资源精确鉴定平台,开展水稻种质资源深度评价;强化种质资源管理和知识产权保护,搭建高效的育种信息平台,实现种质资源共享;从水稻地方品种、野生稻及近缘物种中发掘重要性状功能基因;创制超高产、优质、抗(耐)逆、抗倒伏、抗病虫、高异交率、节水抗旱、养分高效利用、耐储藏、镉低积累、再生稻、长粒粳稻、多倍体水稻、特种稻、育性安全、适于机械化生产等新种质;开展与种子质量性状有关基因的发掘和种质创新,包括休眠特性、耐穗萌、裂颖、抗除草剂基因等。

(二) 关键育种技术研究

面向不同稻区多元育种目标需求,通过常规育种与分子技术结合,在继续提高单产的基础上,重点研发改善品质、增强病虫害抗性和抗(耐)逆性的育种新技术;加快低成本高通量分子检测、分子设计育种、基因组编辑、多倍体育种、航天育种、体细胞变异等技术的研发,集成快速高效的多基因(多性状)聚合育种技术体系,提高育种效率,整体提升水稻种业技术研发能力。

(三) 突破性新品种培育

开展高产、优质、多抗、广适、养分高效利用、环境友好、重金属低积累、营养健康的突破性新品种培育;加强与生产方式变革相适应的直播稻新品种选育和适应机械化生产的新品种选育;加强在籼粳亚种杂种优势利用、远缘杂交育种中具有重要价值的亲本创制,重点培育适应不同稻区的强优势杂交种和常规稻新品种。

(四) 品种测试与试验示范

针对不同稻区建立与水稻新品种相适应的规模化测试网点及标准化测试体系,完善品种测试评价指标,加强品种特异性、抗病性和抗(耐)逆性鉴定,确保试验独立性和规范性;建设标准化、规模化新品种试验示范基地,开展高产、优质、特种稻等新品种示范。

（五）良种的制（繁）种

开展杂交水稻高质高效种子生产技术研究，重点解决两系法杂交稻安全制种和杂交粳稻高产制种技术难题；开展常规稻种子高质高效扩繁技术研究，重点解决规模化提纯复壮技术难题；加强水稻机械化制（繁）种技术体系研究，突破水稻全程机械化制（繁）种的关键技术瓶颈；强化种子生产标准基地建设，建设常规稻原种扩繁基地和杂交水稻制（繁）种基地。

（六）种子加工与质量控制

开展水稻种子加工关键技术研究，重点突破种子质量精细分选技术；改进和完善种子 DNA 指纹检测技术以及纯度快速精准测定技术；加强种子安全储藏、包衣、物流与质量控制技术研究，研制配套种子加工及检测设备；支持种业企业加强种子科学研究，加速种业品牌建设。

五、重点任务

（一）水稻种质资源挖掘与材料创新

精准鉴定和发掘水稻产量、品质、抗性、株型、生育期等重要性状基因的优异等位变异，搭建高效的种质资源和育种信息共享平台；开展抗病虫、高异交、高配合力、耐高低温、高光效、抗倒伏、节水抗旱、耐盐碱、重金属低积累、再生力强、耐储藏、耐穗萌、养分高效利用、育性安全、抗除草剂、营养健康等关键基因/QTL 的挖掘，开发实用分子标记；综合利用分子育种、近远缘杂交、航天育种等技术，创制一批目标性状突出、产量高、抗性好、米质优、综合农艺性状优良、适应性广、适宜机械化作业的水稻新材料。

（二）水稻功能基因组研究

通过全基因组扫描、高通量测序、关联分析、TILLING、基因定点编辑、SNP 标记等技术，发掘水稻产业急需性状关键基因，解析其功能，开展基因组学、蛋白质组学和代谢组学研究，建立基因型-表型生物信息数据库,为种质创新和品种选育服务。

(三) 水稻重要性状形成的分子基础

研究阐明水稻产量、品质、抗性等重要性状遗传机理、基因表达调控网络、代谢途径调控机制;研究水稻生育期、雄(雌)性不育、育性恢复、异交结实、多倍性、抗(耐)逆性、近远缘杂交等生物学机制;研究杂种优势形成的遗传机理及分子调控。

(四) 水稻分子设计育种

利用遗传育种学、基因组学和生物信息学的理论和方法,构建分子设计育种的理论体系,实现目标基因的高效重组。通过全基因组选择、基因组编辑等分子育种技术,设计培育聚合强根系、抗倒伏、高产、优质、抗病虫、抗(耐)逆、氮磷高效等优良性状基因的水稻新材料、新品种。

(五) 水稻强优势杂交种创制

挖掘水稻种间、亚种间、优势群间的杂交种强优势潜力,攻克亚种间甚至远缘种间杂种优势利用的瓶颈,创新水稻杂种优势利用新途径与新方法,实现杂种优势利用领域关键核心技术的重大突破,培育高产、优质、广适、多抗的强优势杂交种。

(六) 常规稻新品种培育

依据不同稻区生态特点和育种目标,利用复合定向杂交、轮回选择、环境胁迫筛选和基因型鉴定技术,建立常规育种和分子育种相结合的常规稻高效育种技术体系,重点培育目标性状突出、适应轻简栽培和机械化生产的优质高产抗病新品种。

(七) 水稻制(繁)种技术研究

研究高质高效水稻种子生产技术、机械化制(繁)种技术、原原种扩繁技术,重点突破两系杂交稻安全制种、杂交粳稻高产制种和常规稻原种规模化提纯复壮技术难题;建设常规稻原种扩繁基地和杂交水稻制(繁)基地;创新水稻种子生产加工和质量控制技术,建立良种质量控制体系。

小麦良种科技创新规划（2016—2020）

小麦是我国人民的主要口粮，中国是世界第一大小麦生产国。为贯彻落实《国务院关于加快推进现代农作物种业发展的意见》（国发〔2011〕8号）和《国务院办公厅关于深化种业体制改革提高创新能力的意见》（国办发〔2013〕109号），加快小麦种业健康发展，制定本规划。

一、发展现状与需求

（一）现状与问题

我国小麦种植区划分为10个主要区域，包括3个春麦区（东北、北部和西北春麦区）、5个冬麦区（北部、黄淮、长江中下游、西南和华南冬麦区）和2个冬春麦兼播区（新疆、青藏）。2014年我国小麦播种面积3.61亿亩，总产达到1.16亿吨。

我国小麦育种取得了举世瞩目的成绩，小麦单产比世界平均高58%（2014年），居国际领先水平。小麦单产提高的因素中，优良品种的贡献率达50%以上。小麦育种技术不断创新，上世纪50—60年代以系统选育和杂交育种技术为主，70—80年代细胞工程、远缘杂交与染色体工程技术、诱变育种得到应用，90年代到本世纪初，轮回选择育种、分子标记辅助选择、分子设计等技术与杂交育种相结合，加快了小麦育种进程，为品种产量、综合抗性、品质等水平的提升提供了有效支撑。随着生命科学的快速发展，我国完成了小麦A和D基因组草图的绘制，克隆了优质、抗逆、抗病、营养高效等重要性状基因，对其功能进行了较深入的研究，为我国开展大规模、系统性的小麦重要性状形成的分子基础研究奠定了基础。

我国小麦种业稳步发展，年生产小麦种子约47亿公斤，实际商品化用量约26亿公斤，商品化率52%，市场规模约110亿元，占整个种业市场16%左右的份额。我国小麦种子企业科研能力逐步提高，自育品种不断增多。部分企业建有固定育种站、新品种联合测试网点、规模化种子繁殖基地。

新形势下，我国小麦育种及种业发展主要存在以下问题：(1) 资源深度挖掘不够、评价手段和效率较低，目前栽培小麦只利用了其野生近缘种基因库中 10%~15% 的基因资源。(2) 育种基础理论研究滞后，新技术与育种实践结合不紧密，进一步加强相关基础研究，加强理论与实践的结合，对提升我国小麦育种水平至关重要。(3) 品种类型尚不能满足新形势下多元化需求。单产水平与高产国家相比仍有一定差距，高产与优质、资源高效利用需要进一步协调改良，抗旱节水、养分高效利用、抗病虫，特别是抗赤霉病等重大病虫害的品种改良需要进一步加强。(4) 小麦种业科研公共服务平台规模小，精准化表型性状鉴定技术，高通量、规模化育种技术体系以及网络化品种测试体系尚未建立。小麦育种小团队作战，低水平的重复研究偏多。(5) 良种繁育、加工与新品种测试体系亟待改善，种子企业自主创新能力和生产加工能力相对薄弱。

(二) 趋势与需求

小麦消费增长幅度明显快于产量增长，供需矛盾凸现。据测算，2030 年我国小麦的人均需求量为 108.3 公斤，总需求量达 17364 万吨，需求量增加 30% 左右。在耕地面积不能增加、水资源匮乏、自然灾害频发等形势下，要满足我国小麦消费需求，保障口粮绝对安全，必须强化种业科技创新、选育重大品种，突破产业化关键技术，提升小麦种业竞争力。

1. 规模化深度挖掘优异基因成为种质资源研究的重点

随着全球贸易一体化进程的加快，国际间对农业基因资源的争夺更加激烈，发达国家已投入大量资金进行规模化、高通量发掘作物优异基因资源，其目的就是争夺作物基因资源的知识产权，垄断作物种业，在未来基因资源开发的巨大利益中占有更大的份额。

2. 现代生物技术与常规技术结合使育种定向、精准化

国际上开始大力发展和借助定向设计、现代生物和信息技术、基因操作技术等与传统育种技术有机结合促进育种的定向化和精准化。定向育种技术、定向设计技术、基因编辑技术以及高通量分子鉴定技术的大力研发是当前育种技术研究的主要内容和趋势，亦孕育遗传育种的第三次技术突破。

3. 高产与高效、高产与优质的协调，应对气候变化等是未来品种育种目标的新要求

工业化和城镇化进程的加快，农村劳动力的转移，水地旱作和机械化生产方式的发展，环境污染认知增强，世界气候的变化以及生物协同进化不可逆规律影响，给小麦育种目标提出了新的需求。除了高产之外，资源高效利用、优质抗病（抗赤霉病等）、抗旱耐寒耐热等品种选育将成为未来小麦品种选育的必然方向和目标。

4. 育繁推一体化是种业发展的大趋势

随着国家科技体制改革的发展，国家科研机构集中于种质资源、育种材料等种业的公益性、基础性研究，大型种业公司将专注于品种开发、技术改良、产业化、技术输出等应用型研究，两者的衔接融合，实现小麦产业的利益最大化成为未来发展的必然趋势。

二、规划思路与原则

（一）规划思路

围绕国家重大需求，按照现代种业全产业链进行顶层设计，统筹规划，以"种质资源研究与新基因发掘，关键育种技术研究，突破性新品种创制，品种测试与试验示范，良种的制（繁）种，种子加工与质量控制"六大任务为重点，以产业、产品为导向，以发展高新技术驱动产业发展，充分发挥市场在种业资源配置中的决定性作用，构建中国特色的产学研用紧密合作、科企深度融合，多学科多领域协同创新的国家小麦良种重大科研联合攻关模式，提高企业自主创新能力，着力解决种业重大科技和产业问题，为确保国家粮

食安全，提高种业国际竞争力提供强有力的科技支撑。

(二) 基本原则

1. 坚持种业全产业链系统布局

系统规划基础研究、应用研究和产业研究的重点任务，注重基础性、前瞻性与应用性、产业性科技项目的有机结合和相互支撑，充分发挥科教单位和种业企业两个作用。

2. 坚持品种产业应用导向

着力解决影响或制约小麦生产的关键限制因素，培育突破性小麦新品种并大面积应用，为农业可持续发展提供科技支撑。

3. 坚持国家需求与市场导向紧密衔接

坚持遵循市场经济规则，体现国家战略目标，注重新技术创新驱动产业发展，构建新型科企深度合作的小麦育种创新体系，大幅提升种业创新能力和国际竞争力。

三、规划目标

(一) 总体目标

瞄准国际发展前沿和国家重大需求，充分利用现代生物技术和信息技术研究成果，在规模化、高通量的评价、筛选种质资源的基础上，加强新技术与传统育种技术的结合，实现分子育种应用的突破，解决制约我国小麦育种水平提高的瓶颈问题，为小麦种业提供技术支撑。在5~10年内，强化小麦高产、多抗、优质、资源高效利用等性状的协同改良，培育一批重大突破性新品种。推进小麦种业的体制改革和机制创新，整合小麦种业资源，快速提升小麦种业科技创新能力和企业竞争力，构建科企联盟的育繁推一体化现代小麦种业体系，全面提升我国小麦产业发展水平，为国家口粮安全提供科技保障。

(二) 具体目标

1. 基因挖掘与种质创新

鉴定评价麦类种质资源6000份，建成具有国际领先水平的种质资源中心；发掘抗旱、耐盐碱、抗病虫、资源高效利用、产量、品质等相关性状的基因，开发实用的分子标记并克隆相关的重要功能基因50个。创制优异育种新材料200份以上。

2. 核心技术

建立精准表型和基因型鉴定体系，完善生物技术与传统育种技术相结合的分子育种技术体系，实现育种技术应用的新突破。构筑科学、高效、公正、现代化的公益性品种测试体系，规模化良种生产与繁殖技术体系，种子检测技术体系。建成一批高水平技术创新平台和品种培育基地，形成市场导向的种业技术创新链。

3. 品种创制与示范

在5~10年内，强化高产、多抗、优质、资源高效利用等性状的协同改良，培育一批具有重大突破的小麦新品种，实现主要麦区品种更新换代一次。育成新品种50个，常规品种单产比现在生产应用品种提高3%~5%，杂交种单产提高10%~15%。其中年种植面积1000万亩以上品种3~5个，年种植面积500万亩以上品种8~10个，年种植面积200万亩以上品种25~28个。良种示范推广1亿亩。

4. 企业培育

培育2~3个具有国际竞争力的育繁推一体化现代种业集团，企业研发投入强度达到销售收入10%以上。

四、主要攻关方向

(一) 种质资源研究与新基因发掘

开展小麦种质资源重要性状精准鉴定与评价；研究遗传资源多样性、生态适应性及进化等，创制具重要应用价值的新种质；研究小麦基因组变异，鉴定新基因和调控元件，发掘高产、优质、抗病、抗虫、抗逆、资源高效利用等优良新基因，解析重要性状形成的遗传机理与调控网络。

（二）关键育种技术研究

重点开展分子标记、全基因组选择、强优势组合选育、航天诱变、染色体与细胞工程、基因组编辑等育种技术研究；强化小麦高通量性状鉴定、评价技术研究，加快高通量小麦重要功能标记开发及检测技术研究与利用，建立小麦多生态区网络测试体系，提高小麦育种效率，创制新种质，培育新品种（组合）。

（三）突破性新品种创制

强化高产、多抗、优质、资源高效利用等性状的协同改良，培育一批具有重大突破的，满足市场多样化需求的高产稳产抗病优质小麦新品种。加强新技术与传统育种技术的结合，实现分子育种技术应用的突破。

（四）品种测试与试验示范

开展品种测试研究，优化试点布局，改进试验技术，完善试验手段，提高测试承载能力，提升品种测试的信息化、机械化、智能化水平。建立新品种高产高效栽培技术研发集成与展示基地。

（五）良种的制（繁）种

开展良种生产与繁殖技术研究，建设标准化、规模化制（繁）种基地，完善小麦原种生产技术操作规程，研究二系杂交小麦制种核心技术。

（六）种子加工与质量控制

强化种子加工与质量控制技术研究，研究制定种子加工与质量控制技术标准；研究种子加工中的烘干、仓储、包衣等关键技术问题，建立种子加工技术体系和技术规范。完善全程种子质量控制体系，建立种子检测技术体系和规范。

五、重点任务

（一）小麦种质资源挖掘与材料创新

开展规模化种质资源的基因型和表型精准鉴定，揭示产量、品质、水肥高效、理想株型、耐逆、抗病虫等重要性状基因的优异等位变异及其遗传效应，开发实用分子标记，搭建高效的种质资源和育种信息共享平台；发掘具有育种利用价值的优异种质资源，创制一批超高产、抗病虫害（尤其是抗赤霉病）、抗逆性（倒春寒、干旱、干热风等）强等急需的新种质。拓宽小麦种质资源的遗传基础，强化生态远缘、遗传远缘、地理远缘品种间和不同杂种优势群间基础材料的创新，创制优异杂交小麦新种质。

（二）小麦功能基因组研究

开展以功能基因组为核心，涵盖表观基因组、转录组、蛋白质组和代谢组的生物组学研究，揭示关键发育进程、栽培措施、生物和非生物胁迫因子等因素调控基因组表达的规律与机制，规模化地鉴定有重要功能与应用前景的基因、蛋白质和代谢途径，明确异源多倍体小麦中不同基因组之间的互作与基因表达改变和性状表现的关系，为在全基因组水平上协调设计和改良小麦品种提供理论指导和优异资源。

（三）小麦重要性状的遗传解析与分子基础

针对复杂农艺性状（产量、品质、养分高效、耐逆、抗病虫等）开展研究，鉴定出对目标性状有重要调控作用的主效基因，深入解析多倍体基因组中重要基因行使功能的遗传网络，挖掘关键不育基因和恢复基因，研究小麦光温敏雄性不育和恢复性遗传机理。明确复杂农艺性状变异的分子基础及其与多倍体小麦进化和驯化的关系，为小麦遗传改良提供理论指导和优异基因资源。

（四）小麦分子设计育种

完善细胞工程、航天生物诱变工程、多基因分子聚合，安全、高效、规模化的基因操作与基因组编辑等技术，与常规育种技术的紧密结合，形成多基因组装技术体系。构建分子设计育种相关数据库，研发相关育种软件和模式，提出最佳育种方案，并用于指导育种实践，培育出突破性小麦新品种（组合）。

（五）远缘杂交与分子染色体工程育种

研究高效附加、代换、削减和易位等染色体操作方法和技术、高效外源染色体片段和基因组准确识别和跟踪技术，健全分子染色体工程育种技术体系；通过远缘杂交和分子染色体工程等技术的高效融合，创制高产、优质、抗逆、抗病虫、抗穗发芽等优异种质，培育高产、优质、抗赤霉病、兼抗白粉病和条锈病的新品种。

（六）突破性新品种创制

基于我国小麦各生态区的优势与特点，通过对形态建成与生理特性的遗传改良，选育产量水平大幅度提高的超高产小麦新品种；通过对品质性状的遗传改良，选育符合市场需求的优质专用小麦新品种；通过对氮、磷、钾养分吸收与代谢功能相关性状的遗传改良，选育养分利用效率显著提高的高效高产小麦新品种；通过对主要病害抗性的遗传改良，选育多抗高产小麦新品种；通过对水分利用与抗（耐）水分胁迫相关性状的遗传改良，选育节水抗旱小麦新品种。

（七）杂种优势机理及强优势小麦杂交种创制

解析小麦杂种优势形成的遗传及分子基础。针对不同麦区的生态特点和需求，以光温敏二系法技术为主体，兼顾三系、化杀等其他途径，利用小麦生态远缘、冬春杂交和遗传远缘等模式，开展新型小麦杂种优势群构建，配制强优势杂交小麦新组合。通过开展穿梭育种和多生态区的联合鉴定，筛选适宜不同生态区的抗旱节水、高产优质、抗逆广适、资源高效利用、抗病以及适于中低产区的强优势小麦杂交种；研究不育系和恢复系鉴定评价技术，创制农艺性状优良、配合力高、开花习性和制种性状优良的不育系和恢复系；研究新型不育系、强优势杂交亲本选育技术和强优势、广适杂交种组配新模式，进一步完善二系杂交小麦技术体系。

（八）规模化测试平台建设

在主要麦区建立高通量基因型检测中心，通过深度转录组测序，明确其在生长发育关键阶段、不同生长环境中的基因表达特征和差异。应用基因组编辑以及基因诱变技术，开展规模化基因修饰和等位突变体定向筛选，建立各种突变体的资源信息库，并实现资源共享。建立株型与高产生理、抗旱节水、抗寒（冷）、氮磷钾高效利用、抗穗发芽、抗赤霉病、抗叶部及根茎部病害和抗病毒病等重要性状精准化、规模化表型鉴定平台。研究开发农艺性状采集、小区播种及测产系统，研发区域试验管理及数据处理软件系统，构建国家品种评测指标数据库。研究杂交种多生态区性状评价技术和鉴定指标。

（九）良种繁育和杂交小麦制种

研究常规小麦"三圃制"原种繁育技术，形成企业原种生产技术规程；建立一批规模化、专业化良种繁育基地，单个基地2—5万亩；完善基地的农田基础设施和农业机械设备，实现种子生产的规模化和机械化，提高生产用种安全保障能力。研究杂交小麦高效亲本繁殖和制种技术、亲本保纯及繁育技术、机械化制种技术，建立杂交小麦的规模化高效制种技术体系；研究杂交小麦良种生产综合技术标准和规范；创新杂交小麦制（繁）种、生产加工和质量控制技术，建立杂交小麦良种质量控制体系。

（十）种子加工与质量控制

开展准确、快速、高通量的小麦种子质量和种子活力检验检测技术研究，建立种子检测技术体系和规范；研究小麦种子仓储环境、病原微生物、鼠害和虫害无公害防控技术；开展小麦种衣剂成份、辅料及包衣工艺和机械研究，建立种子包衣技术体系和规范；开展提高种子活力、精选分级、种传和土传病虫害防控、种子包装、包装材料和包装工艺流程等种子处理、加工工艺关键技术研究，建立小麦种子加工技术体系和规范。研究先进适用种子生产加工设备。

玉米良种科技创新规划（2016—2020）

玉米是我国播种面积和总产均居第一位的重要粮食作物，玉米种业健康发展对保障国家粮食安全具有重要意义。为贯彻落实《国务院关于加快推进现代农作物种业发展的意见》（国发〔2011〕8号）和《国务院办公厅关于深化种业体制改革提高创新能力的意见》（国办发〔2013〕109号），制定本规划。

一、发展现状与需求

（一）现状与问题

玉米是我国重要的粮食、饲料与工业原料作物，2014年种植面积超过5.57亿亩，总产达到2.16亿吨，面积和总产均列农作物第一位。我国玉米种业发展历经了计划经济时期（1949—1978年）、市场经济初期（1978—2000年）和市场化改革与转型期（2000年至今）三个阶段。21世纪以来，我国玉米良种经历了2次更新换代，玉米杂交种覆盖率达96%以上，良种的增产贡献率超过40%，种子市值约270亿元，成为国际玉米种业的第二大市场。

农业科研院所和高等院校拥有稳定优秀的团队和丰富的种质资源，现阶段仍然是我国玉米种业科技创新的主力军之一。在农业部发布的2013—2014年玉米主导品种中，科研院所和高等院校选育品种数量在60%以上，种植面积占据较大份额。我国现有规模以上的玉米种业企业1748家，其中注册资本超一亿元的企业75家，大于3000万到1亿的企业660家，骨干企业34家。多数玉米种业企业建立健全了营销网络与市场布局，拥有育种团队和自育品种，但育种队伍水平有待提升，具有较强竞争力的品种较少。公共科研机构与企业分工布局不尽合理，尚未形成定位清晰、分工明确的玉米种业科技创新体系。

我国玉米种业科技资源分布的特点是，科教单位具有种质资源、育种技术和育种人才优势；种子企业拥有企业管理人才、种子生产基地和市场资源的优势。加强科企合作、充分发挥企业和科教单位两个主体的积极性，是加快推进我国现代种业发展的重要举措。

目前，我国玉米种业科技总体投入仍然较低，研发力量和资源分散，且低水平重复严重。育种基础研究起步较晚，育种理论和方法等原始创新薄弱，与发达国家的差距较大。突出表现是育种材料遗传基础狭窄、原创性优异种质材料缺乏，缺少适宜机械化作业和资源高效的新品种，种子生产、加工及质量检验技术相对滞后。

（二）趋势与需求

欧美等发达国家的现代玉米种业研发体系包括公共研究机构和种子企业研发机构两大部分。由国家经费支持为主的公共研究机构主要从事公益性基础性研究。种子企业以市场为导向，以品种为重点，以先进技术为核心，开展商业化育种。大型跨国种子企业在人才、技术及资金有力支撑下，建立了育种队伍专业化、田间试验规模化、实验操作程序化、质量控制标准化和数据管理信息化的研发产品线，形成了从种质资源创新、优异基因挖掘、品种培育，到良种繁育、种子加工、推广营销、售后服务等一体化的运行模式，大幅度提高了管理效率和市场竞争力。

进入21世纪，生物技术和信息技术已全面融入玉米种业，带动种业科技的深刻变革。高通量的单倍体和分子标记等育种技术开始应用于玉米新品种选育。育种目标正朝着抗虫、抗除草剂、抗旱、适宜机械化作业、优质专用以及资源高效利用方向发展。亲本繁育、种子质量检测、种子加工和包衣等技术的规模化、信息化等也成为玉米种业科技的重点方向。科技创新促进了"种质创新、品种研发、良种繁育、示范推广"的一体化。

随着我国社会经济的快速发展，饲料和工业加工对于玉米的需求呈持续增长趋势，2020年玉米消费量将达到2.45亿吨，预计缺口 2000 万吨。我国耕地面积持续减少，提高单产水平是增加玉米供给能力的重要途径。2014 年我国玉米平均单产达到 387.8 公斤/亩，但不同产区的玉米单产变化较大，美国同期玉米平均单产为 670 公斤/亩。我国玉米单产仍然有进一步提高的空间，选育高产品种是提高单产的重要举措。

随着农业适度规模化种植模式的不断扩大，以及满足生产调结构、转方式的需求，玉米生产的全程机械化已经成为现代农业的主要发展方向。市场对成熟期含水量低、抗倒伏、适合机械收获的玉米品种需求愈加迫切。当前，我国饲用玉米用量占玉米总消费量近 70%，在东北地区由于玉米收获时籽粒含水量高，玉米霉变问题时有发生，对饲料产业及其下游产业带来较大风险。优质饲料玉米越来越受到市场的重视，而选育早熟、脱水速度快的品种是生产优质饲料玉米的关键。在东华北春播区，以及黄淮海夏区对早熟密植品种的需求也有扩大趋势。当前，玉米生产结构的调整，对青贮玉米及鲜食甜糯玉米品种的需求不断增加。随着全球气候变化，我国玉米产区旱涝异常天气的发生频率有增加趋势，同时伴随着玉米病虫等危害的加剧，选育耐旱、抗病、抗倒伏的玉米品种也显得更加重要。

二、规划思路与原则

（一）规划思路

规划的总体思路是贯彻落实"国发〔2011〕8 号"、"国办发〔2013〕109 号"和"国发〔2014〕64 号"文件精神，建立以玉米品种选育为导向，以企业为主体，以科企合作为纽带，以产学研结合为平台的玉米种业科技研发产品线。

充分发挥市场在种业创新资源配置中的决定性作用，构建具有全球竞争力的具有中国特色的玉米商业化育种体系，重点支持育繁推一体化种业企业提升自主创新能力。通过科企紧密合作的产学研联合攻关模式，联合国内优势研发力量，协同攻关，按玉米主产区域建立若干育种科研平台。瞄准我国未来种子市场对玉米品种的需求,突破种质创新、新品种选育、高效规模化制种、种子加工及质量控制等关键环节的核心技术,全面提高玉米种业科技自主创新能力。

(二) 基本原则

1. 遵循现代育种技术创新链

围绕玉米育种技术创新产业链的种质创新、新品种选育、规模化制种、种子加工及质量控制五个大环节,设计目标任务,进一步发挥科研院所和高等院校在种质创新和技术创新的优势,推进企业在新品种选育、种子生产和品种推广的主导地位,发挥市场对技术研发方向和创新要素配置的导向作用,引导企业建立覆盖全产业链的商业化育种体系。

2. 按区域设计攻关任务组织攻关

按照我国玉米种植生态和区域分布,选择玉米主产区为目标区域,针对目标区域的品种需求,制定育种目标和技术路线,以及相应的考核指标和任务。在不同区域内选择骨干企业与优势科研院所和高等院校共同承担国家良种攻关任务。

3. 充分发挥企业和科教单位两个主体的积极性

针对我国现阶段种业科技资源分布特点,以及科技项目全产业链设计的思路,在优良基因挖掘、资源创新和技术研发等公益性和基础性研究领域积极发挥科教事业单位优势;在新品种选育及产业化等应用研究领域积极发挥企业的主导作用,充分利用企业和科教事业单位各自的优势,建立具有中国特色的现代种业创新体系,共同完成国家科技攻关任务。

4. 坚持产学研合作

以提高企业自主育种创新能力为核心,以实现玉米良种选育为目标,以合作共赢为前提,建立利益共享、风险共担的合作机制。在政府政策法规的指导下,坚持市场配置资源的基本原则,充分发挥市场的决定性作用，严格按照市场经济机制规范合作行为。积极发挥产业科技联盟的作用，鼓励重点骨干种子企业按照市场机制组成产学研联合体，承担联合攻关任务。

5. 发挥企业在种业科技创新中的主体作用

充分发挥财政资金的引导作用，促进企业的种业科技创新。企业与科教事业单位签合作协议，明确双方权益。取得的成果由牵头企业优先开发，成果发明人、发明单位与开发企业按照预先达成的协议获得成果转让收益提成。国家对攻关取得的重大成果优先实行品种后补助，加快成果推广。

三、规划目标

（一）总体目标

到2020年，实现我国玉米单产每亩450公斤以上，玉米主产区良种全覆盖；东北、黄淮海和西北地区基本实现机械化，播种机械化达到80%，收粒机械化50%以上；西南地区20%左右种植面积实现机械化播种与果穗收获。

基于玉米现代育种技术创新链，建立国家级的系统化、规模化、流程化、信息化的现代育种体系。创造一批具有自主知识产权的优异种质资源。在基因型和表型分析、单倍体诱导鉴定、育种程序信息化等重大关键技术上取得突破。育成一批适合不同生态区的国审（含骨干企业绿色通道）、省（区）审新品种。实现新一代良种全面更新换代，累计推广2亿亩以上。显著提高玉米杂交制种的科技水平和质量，制种技术达到国际先进水平；实现玉米种子质量控制与国际先进标准接轨，显著提高种子加工质量。

（二）具体目标

种质创新：创造在产量、耐逆性、抗病虫、抗倒性、品质、脱水速率等特性方面优良的自交系300份以上，其中突破性自交系30个以上。

核心技术：研制高效、快速、高通量、低成本的全基因组基因型分析技术5套,高通量的精准表型分析/鉴定技术8套;选育10个诱导率在15%以上的诱导系,集成加倍率在20%以上且可规模化应用的加倍技术5套,研究单倍体快速鉴定技术5套;开发育种程序软件包1套,实现信息实时共享。建立现代商业育种技术体系,实现育种规范化、系统化、流程化、规模化。

品种创制:针对东华北春玉米、黄淮海夏玉米、西南玉米、西北玉米等主要玉米生态区的生产和市场需求,育成比当地对照品种增产5%以上的国审(含骨干企业绿色通道)新品种50个以上,省(区)审新品种300个以上,其中突破性新品种10个以上。

品种产业化:实现新一代良种全面更新换代,累计推广2亿亩以上。实现杂交种生产标准化、规模化。研究制种新技术新方法,降低制种成本、提高制种纯度、种子纯度和活力。研究示范机械化去雄技术、不育化制种技术,实现细胞质类型多样化、不育系类型多样化,降低制种风险,使30%制种田实现不育化制种。优化和集成种子加工技术,使种子生产加工标准化,杂交一代种子发芽率≥95%、纯度97%以上、净度99%以上,种子活力显著提高,满足单粒播种要求。

企业培育:培育3~5个具有国际竞争力的育繁推一体化现代种业集团,企业研发投入强度达到销售收入10%以上,力争1个种子企业进入世界种业前10强。

四、主要攻关方向

(一)优异基因发掘与种质资源创新

发掘高产、优质、抗逆、抗病虫、资源高效利用、适应机械化等性状的关键基因,开发紧密连锁分子标记和功能标记;研究复杂性状遗传基础,解析基因互作与调控网络;克隆重要性状功能基因,挖掘最优等位基因。开展种质资源重要性状表型鉴定、基因型鉴定与遗传分析,筛选有育种价值的优异种质资源;创制满足未来育种需求的抗逆、耐旱、抗病、抗虫、出籽率高,特别是籽粒脱水快、适宜机收的突破性自交系。完善种质资源数据库,整合表型、基因型等数据信息,建立种质资源共享、信息反馈和产权保护制度。

(二) 关键育种技术研究

发展高效、快速、高通量、低成本的全基因组基因型分析技术;强化玉米育种主要目标性状的高效精准表型分析与鉴定技术,突破玉米单倍体诱导率和加倍率,完善加倍单倍体快速鉴定技术;研究玉米分子辅助选择技术,突破玉米抗倒、适合机械收获和生物与非生物胁迫等性状改良的瓶颈;开发育种程序软件包,实现信息实时共享;研究多种育种技术融合,实现育种规范化、系统化、流程化、规模化,加快传统的经验育种向设计育种的转变。

(三) 突破性新品种培育

针对不同生态区玉米生产条件和市场需求,选育高产稳产、品质优良、资源高效、环境友好、优质安全的优良品种,以及市场需要的青贮玉米及鲜食甜糯玉米品种;突破适合全程机械化的强优势新品种选育,争取在我国东北、黄淮、西南等玉米主产区实现重大突破;完善高效良种良法配套栽培技术。

(四) 品种测试与试验示范

在不同区域,建立大规模高通量的新组合测试技术体系,开展品种与区域生态条件的互作研究,加强新品种试验示范;加强规模化、数字化、机械化操作测试技术集成;强化信息管理系统建设,建立国家公益性信息管理系统,突破全国性数据交流和共享瓶颈;鼓励引进先进的品种测试机械、设备和软件,提高测试的效率。

(五) 良种的制 (繁) 种

研究提高杂交种制种产量、保证纯度、降低成本新技术。培育玉米 C 型和 S 型雄性不育系;探索隐性核不育基因在良种繁育中的应用途径,以及玉米无隔离制种技术,开发新型玉米杂交种制种技术;研究规模化不育系制种和机械化去雄配套技术;研究高效规模化制种栽培技术，提高规模化制种产量，降低制种成本。

（六）种子加工与质量控制

研究果穗收获、烘干、脱粒过程中零损伤加工技术；种子分级、包衣、包装、贮藏的标准化加工技术；提高种子活力和降低加工成本新技术；种子质量系统控制技术。创建适合我国国情的种子快速安全脱水系统和加工流程技术体系；开展新一代分子标记SNP的玉米分子指纹技术研发，提高种子纯度，特异性和真实性检测技术。

五、重点任务

（一）玉米种质资源挖掘与材料创新

开展玉米种质资源精准鉴定，筛选优质、抗病虫、抗逆、资源高效利用、适合机械化作业、广适等优异种质资源；开展基因型高通量鉴定，阐明种质资源结构与功能多样性，发掘重要性状基因的优异等位变异；开展种质资源大数据构建，实现种质资源信息的系统集成与共享利用；创制抗逆、耐旱、抗病、抗虫、出籽率高、籽粒脱水快、宜机收的育种新材料和突破性自交系。

（二）玉米功能基因组研究

开展高产、优质、抗病虫、抗逆和资源高效利用等重要性状的功能基因组研究，发掘具有重要利用价值的功能基因和调控元件，明确其功能及作用机制；开展重要性状的代谢组与蛋白组学研究，解析重要性状形成的DNA-代谢产物网络、蛋白互作网络；建立表型组、基因组、表观组、转录组、蛋白组、代谢组等组学研究信息平台。

（三）玉米重要农艺性状形成的分子基础

研究产量、品质性状形成的分子基础，明确其遗传机制及调控网络；研究抗逆和抗病虫性状形成的分子基础，明确生物及非生物胁迫信号感知、传递、应答的分子机制及调控网络；研究养分及水分高效利用性状形成的分子基础，解析对N、P、K和水分吸收、运输及利用的分子机制及其调控网络;研究适宜机械化作业性状形成的分子基础研究,阐明相关性状形成的器官发育分子机理;研究杂种优势形成的遗传机理及分子调控。

(四) 玉米分子设计育种

定位高产、优质、抗逆、抗病虫、资源高效利用、适应机械化等重要性状基因,获得紧密连锁分子标记;整合重要性状的表型、基因组及蛋白质组等数据库,构建品种分子设计信息系统;研究复杂性状主效基因选择等技术,完善多基因分子聚合技术;与常规育种相结合,建立基于品种分子设计的高效育种技术体系;聚合优异基因,创制育种新材料和新品种。

(五) 玉米良种培育

针对我国东华北春玉米区、黄淮海夏玉米区、西南及南方玉米区、西北玉米区的玉米产业发展需求,加强现代玉米育种技术研究与集成,建立不同生态区域的高效育种技术体系及规模化、数字化、机械化新组合测试体系;强化优异种质改良与创新,创制高配合力高产多抗适合机械化的骨干自交系,选育高产稳产、品质优良、资源高效利用、环境友好、优质安全的优良普通玉米和特用玉米新品种,高效规模化生产杂交种;完善高效良种良法配套栽培技术,加快示范应用。

(六) 玉米强优势杂交种创制

研究玉米杂种优势利用的种质基础,发掘并创建杂种优势群及其利用模式;研究杂种优势安全高效利用技术,开展品种、优势群间杂种优势利用技术,强优势杂交种亲本快速选育技术与杂交种组配模式,杂种优势预测与利用技术研究,建立和完善杂种优势分子育种技术体系;创制新型雄性不育系及恢复系,突破性育种新材料,选育适宜机械化生产的耐密、耐旱、高产、稳产、多抗的强优势玉米杂交种新品种;研究规模化高效安全制种技术体系。

（七）玉米规模化制种技术

开发新型玉米杂交种制种技术，研究规模化不育系制种和机械化去雄配套技术；健全制种农艺与农机融合的高效高产高质制种技术体系；制种管控信息技术；亲本保纯及繁育技术；种子健康快速检测关键技术。研究果穗收获、烘干、脱粒过程中零损伤加工技术；种子分级、包衣、包装、贮藏的标准化加工技术；提高种子活力和降低加工成本新技术；种子质量系统控制技术。

大豆良种科技创新规划（2016—2020）

大豆是重要的粮油兼用作物，是关系国计民生的重要基础性、战略性物资，大豆种业已成为确保国家粮食安全和人民健康的重要议题。为贯彻落实《国务院关于加快推进现代农作物种业发展的意见》（国发〔2011〕8号）和《国务院办公厅关于深化种业体制改革提高创新能力的意见》（国办发〔2013〕109号），制定本规划。

一、发展现状与需求

（一）发展现状

大豆在我国种植广泛，形成了北方春大豆区、黄淮海夏大豆区和南方多作大豆区三大主要种植区。2014年我国大豆种植面积1.02亿亩，其中北方春大豆生产区为0.57亿亩，黄淮海夏大豆生产区为0.25亿亩，南方大豆生产区为0.2亿亩。全国大豆良种覆盖率达96%以上，对大豆增产贡献率超过40%；2014年全国大豆种子用量为4.74亿公斤，商品化率达到63.3%，市值约为23.04亿元。

我国是大豆的发源地，有世界上最丰富的野生大豆资源和数以万计的地方农家品种，是大豆资源最丰富的国家。我国大豆育种技术和品种选育在国际上已占有重要地位，取得了长足进展。建国以来，在生产上，大豆品种先后经历4~6次大的更新换代，使大豆产量提高了140%，推动了我国大豆生产的发展；大豆杂种优势利用研究处于世界领先地位。随着现代生物技术的发展，克隆了大豆抗病、抗逆、抗虫、产量性状、品质性状、广适性等一系列基因，分子标记辅助育种技术也取得了重要进展。目前，我国已拥有一批抗病虫、抗除草剂、优质、抗旱、早熟等基因的自主知识产权和核心技术，已从大豆种质资源大国转变为基因知识产权拥有大国，并逐渐成为世界大豆种业科技创新的中心之一。据不完全统计，目前，我国有155家主要科研院校和815家具有经营许可证的大豆种子企业，有骨干育种专家900余人，每年育成约100个大豆新品种并应用于生产，我国大豆品种的自育率接近100%。

虽然我国大豆育种技术和品种选育在国际上已占有重要地位，取得了长足进展，但我国大豆种业目前仍面临诸多亟待解决的问题。一是基础研究与新品种培育脱节、种质创新与技术创新能力严重不足，导致突破性育种技术和关键育种材料缺乏；二是品种研发的组织方式不适应当前形势，低水平重复使得育成品种同质化问题严重；三是适应不同区域栽培的高产、优质、抗病虫、抗逆、广适性、适宜机械化、轻简化生产的主栽品种不足；四是适应市场经济变化及有效应对气候变化和日趋严重的逆境品种与技术储备不足；五是商业化育种技术体系尚未成形，国内大多数大豆种业企业规模小，研发力量薄弱，经营、技术和人才等水平与现代种业要求相距甚远。

（二）趋势与需求

粮食安全始终是关系到我国社会稳定和经济发展的战略问题。按照我国大豆消费量增长率预测，到2020年，我国大豆年需求量将超过1亿吨，而我国大豆自产严重不足。因此，必须高度重视提升大豆良种科技的自主创新能力，争夺产品开发和技术研发国际制高点，保障我国大豆种业安全。

1. 面向生产和消费市场，加强种质和品种创新，是我国大豆育种的主要任务

优良品种是确保大豆高产、优质、稳产的重要基础。为此，要根据我国现代农业的发展和国际大豆育种方向，面向生产，面向市场，加强种质创新，重视有重大应用前景材料的创制，选育适应不同区域栽培，不同市场需求的高产/超高产、优质、抗病虫、抗逆、广适性、适宜机械化、轻简化生产的大豆新品种。

2. 强化现代育种新技术创新，是提高我国大豆育种水平的关键

目前，我国分子辅助育种技术还没有真正应用到大豆育种实践

中；我国强优势和高制种产量的大豆杂交种选育仍是制约杂交种产业化的瓶颈。因此，要加速开发和完善分子标记辅助育种、分子设计育种和杂种优势利用等现代育种技术体系建设，实现大豆种业产业化发展，支撑我国大豆育种水平的提升。

3. 科企合作，平稳推进商业化育种是我国种业的发展趋势

由于我国大豆种子企业研发能力与发达国家企业间差距极大，要保持和加快我国种业的快速发展，必须强化科企合作的创新模式，加快培育企业创新的主体地位。通过种业集团与科研单位、大学以资源共享、人员共享、实验平台共享等进行合作育种、委托育种、品种权转让以及入股和收购等多种形式的合作，加快提高企业的研发能力，提高品种的创新水平，平稳推进我国大豆商业化育种进程。

二、规划思路与原则

（一）规划思路

按照"国发〔2011〕8号"和"国办发〔2013〕109号"文件的整体规划和要求，围绕"夯实研究基础、突破前沿技术、创制重大产品、培育新兴产业、引领现代农业"总体思路，以发展现代大豆产业、保障国家粮食安全和促进农民增收为目标，针对不同大豆产区、不同生产方式，深入开展种质创新、新基因发掘、育种理论与技术创新等公益性、基础性研究，在支持大豆公益性育种的同时，逐步建立商业化育种体系，使企业成为育种创新主体，加强科企合作，形成产学研一体的协同攻关模式，推进种业产业化，确保国家粮食安全。

（二）基本原则

坚持原始创新，强化公益性基础研究。鼓励科研院所和高等院校加强大豆公益性基础研究，系统规划研究重点和内容，加快研发适应现代大豆种业发展的新方法、新技术、新材料，不断提升我国大豆科技创新能力。

坚持科企合作，探索大豆育种新机制。坚持遵循市场经济规

则，重视大豆育种的公益性特点，稳定公益性育种，体现国家战略目标，促进产学研紧密结合，建立以企业与科研单位有机结合的商业化育种新机制，鼓励育繁推一体化种业企业加大科研投入，促进种业企业创新能力和国际竞争力的大幅提升。

坚持统筹规划，促进全产业协调发展。不同产区大豆育种攻关目标各有侧重，培育适应不同区域栽培的高产/超高产、优质、抗病虫、抗逆、广适性大豆新品种，加速大豆良种产业化。重视加工型、食用型、鲜食菜用大豆等优质专用新品种选育，加速大豆良种产业化，促进大豆产业全面协调发展。

三、规划目标

（一）总体目标

以突破性大豆新品种培育为核心，以大豆优异基因挖掘、种质创新和育种技术创新为关键，以新品种产业化为目标，重点突破种质创新、新品种选育、高效高质繁育、加工流通等关键环节核心技术，提高种业科技创新能力；充分发挥市场在种业资源配置中的决定性作用，建立具有中国特色的科企合作、利益共享的产学研联合攻关模式，提高企业自主创新能力，逐步确立起以企业为主体的商业化育种技术体系，创新育种方法、技术、创制出一批新材料、新品种，加快推进现代种业发展，为保障国家粮食安全、种业安全和现代农业发展提供科技支撑。

（二）具体指标

资源鉴定：在表型和全基因组水平上精准鉴定大豆种质资源2000份，构建表型和基因型数据库，为大豆育种的遗传基础拓宽奠定物质基础。

种质创新：分离和解析具有自主知识产权的大豆产量、品质、抗病、抗逆、营养高效等重要农艺性状基因20~30个；明确重要性状基因调控网络；发掘主效、稳定QTL 50~60个；创制优异育种新材料90~100份。

核心技术：在育种方法、基因发掘、种质创新、品种测试、良种繁育、种子加工贮藏与质量控制等关键环节，形成一批种业关键核心技术，建成一批高水平共性技术创新平台和品种培育基地，基本形成市场导向的种业技术创新链。

品种创制：培育满足农业生产转型发展的大豆新品种 80~100 个，产量比区试对照品种提高 5% 以上，抗花叶病毒病、灰斑病，品质达到国家优质标准；其中重大新品种 8~10 个，每个重大新品种年推广能力 200 万亩以上。

品种产业化：累计示范推广大豆良种 1 亿亩，使良种在农业增产中的贡献率达到 50% 以上。

企业培育：培育 2~3 个具有国际竞争力的育繁推一体化现代种业集团，企业研发投入强度达到销售收入 10% 以上。

四、主要攻关方向

（一）优异种质资源鉴定与重要新基因发掘

开展国内外各地区大豆资源的收集和引进，特别是对具有重要或特殊用途的大豆种质资源进行大规模的精准化鉴定，发掘出一批具有重要利用价值的种质，提高优异种质资源的利用效率。建立中国大豆种质资源表型信息和分子信息数据和材料共享平台。创建用于拓宽大豆遗传基础的群体种质，创制具有重要育种价值的优异基因资源，研究特异种质创制新方法。采用现代分子生物技术与方法挖掘和解析高产、优质、抗病、抗逆、广适性、营养高效、生理活性物质通路、蛋白质通路等重要农艺性状新基因。继续开展我国特有原始资源及各地区大豆的重测序工作，深入解析大豆基因组。

（二）重大育种技术与材料创制

加强分子设计育种和杂种优势利用等现代育种技术研发与利用，提高大豆育种效率和水平。深入开展大豆重要性状基因/QTL 的精细定位与分子标记开发，重点开发 SNP 等功能标记。建立高效、高通量分子辅助育种技术体系，提高选择效率与准确性。创制生产急需突破性育种新材料。进一步完善大豆杂交制种技术，提高制种产量，选育强优势和高制种产量杂交种，实现杂交种产业化。

（三）重大新品种选育与试验示范

实现超高产大豆品种选育上的突破，同时培育适应不同区域栽培的高产、优质、抗病虫、抗逆、广适性、环境友好型大豆新品种。北方春大豆区要重点培育早熟、秆强耐密型、高附加值、蛋白含量较高、耐旱、耐低温、抗病虫、适于大面积机械精准化栽培的新品种；黄淮海大豆产区要培育株型紧凑、适于麦茬免耕栽培、耐高温等逆境、秆强抗倒、蛋白含量高、抗病虫的大豆新品种；南方多作大豆区要培育耐荫、秆强、抗病虫、耐酸铝等逆境、适于间套作和菜用大豆加工型的大豆新品种。同时，培育耐受极端环境、养分高效利用等环境友好型及抗病虫大豆新品种。强化优质育种，加强高蛋白、豆浆与豆腐品质优、鲜食、小粒或超大粒、高油酸、高异黄酮、高维生素 E、高叶黄素等优质食用加工型大豆新品种选育，满足我国食用大豆消费对专用品种的需求。

（四）良种繁育与产业化关键技术

面向大豆主要优势产区，建设布局合理、规范化的新品种测试体系；加强大豆品种区域试验及联合评价网络建设，完善品种测试评价指标，加强品种特异性、抗病性和抗（耐）逆性鉴定；研究种子 DNA 指纹检测技术；开展大豆规模化良种生产和繁殖技术研究，强化大豆商业化育种的良种繁育体系建设；建立覆盖大豆种子生产全过程的关键种子质量检验与加工技术以及相关技术规程，强化大豆种子加工与质量控制技术研究，提高种子质量和种子生产效率。

（五）公益性大豆育种平台基地建设

统筹建设高水平规模化的公益性大豆育种基础研究平台，包括基因资源信息库、规模化表型与基因型鉴定平台、规模化育种材料创制平台等，快速提升重要种质资源基因挖掘、分子育种等新兴技术开发应用能力。

(六) 大豆种业龙头企业培育

支持有实力的大豆种子企业通过整合区域种业要素与资源,形成较为完善的大豆品种研发、繁育与示范、生产与加工、销售与服务体系,建立商业化育种模式与机制,培植具有较强自主创新能力和核心竞争力现代大豆种业企业。

五、重点任务

(一) 大豆种质资源挖掘与材料创新

精准鉴定和发掘大豆产量、品质、抗性、株型、生育期、养分高效等重要性状基因的优异等位变异,搭建高效的种质资源表型和育种相关信息共享平台;开展抗倒伏、抗病虫、耐逆(盐碱、酸铝、高低温、旱涝、荫蔽)、籽粒营养与保健成分等关键基因/QTL的挖掘,开发实用分子标记;利用核雄性不育系培育高产优质多抗大豆轮回选择群体,选育具有突出性状的育种亲本材料;综合利用突变、杂交等技术,创制一批目标性状突出、产量高、抗性好、综合农艺性状优良、适应性广、适宜机械化作业的大豆新材料。

(二) 大豆基因组学研究

研究大豆优异种质资源形成与演化规律,解析骨干亲本形成的遗传基础;克隆控制高产、优质、抗逆、抗病虫、资源高效利用、生长发育等重要性状的关键基因,解析基因功能,阐明产量、品质、抗性等重要性状遗传机理、基因表达调控网络、代谢途径调控机制;研究大豆光周期、抗病、株型、蛋白和脂肪、异黄酮、叶黄素和维生素 E 等合成通路的分子调控机制;利用表型组、基因组、表观组、转录组、蛋白组、代谢组等组学技术,阐明重要性状的 DNA-代谢产物网络、蛋白互作网络、转录调控网络和基因调控网络。

(三) 大豆分子设计育种

定位高产、优质、抗逆、抗病虫、资源高效利用等重要性状基因,获得可供育种利用的分子标记;利用遗传学、育种学、基因组学和生物信息学的理论和方法,构建分子设计育种的理论体系,实现目标基因的高效重组；研究基因组编辑技术；通过高通量基因型鉴定、有利基因聚合和改良、分子育种等育种技术，设计培育聚合高产、优质、抗病虫、抗（耐）逆、养分高效、抗倒伏等多个优良性状基因的大豆新材料、新品种。

（四）大豆新品种创制与示范

依据不同大豆产区生态特点和育种目标，利用杂交、回交、环境胁迫筛选和基因型鉴定技术，建立常规育种和分子育种相结合的大豆高效育种技术体系，重点培育目标性状突出、适应机械化生产的优质高产广适多抗新品种。

（五）大豆强优势杂交种创制

开展大豆杂种优势形成的遗传机理及分子调控。采用常规和分子育种技术相结合方法，进行优良基因资源合理组配与利用，挖掘和创制强优势骨干亲本，构建强优势杂交种核心种质群体；结合准确、高效的鉴定方法，选育高制种产量和高优势的"两高"杂交种；优化昆虫、环境、作物三要素的调控技术，大幅度提高制产量。实现大豆杂种优势利用领域关键核心技术的重大突破，培育超高产、优质、广适、多抗的强优势大豆杂交种。

（六）大豆良种培育

利用大豆种质资源精准评价、常规育种与分子育种结合、品种高效测试、种子产业化生产、信息化管理等技术，构建分工合理、流水线式的商业化育种技术体系。面向不同大豆产区，以提高产量、改善品质、增强抗性为重点，强化多性状的协调改良，创制目标性状突出、适宜轻简化和机械化、综合性状优良的突破性大豆新品种。

（七）大豆制繁种

研究高质高效大豆种子生产技术、机械化制（繁）种技术、原原种扩繁技术；种子DNA指纹检测技术；建设大豆原种扩繁基地；创新大豆种子生产加工和质量控制技术，建立良种质量控制体系；突破杂交大豆规模化制种关键技术。

棉花良种科技创新规划（2016—2020）

衣食住行衣为首，丰衣足食衣在先，棉花种业事关国计民生。为贯彻落实《国务院关于加快推进现代农作物种业发展的意见》（国发〔2011〕8号）和《国务院办公厅关于深化种业体制改革提高创新能力的意见》（国办发〔2013〕109号），制定本规划。

一、发展现状与需求

（一）现状与问题

我国是世界棉花生产、消费和进口第一大国，同时也是纺织服装生产贸易第一大国。棉花是我国重要的经济作物和纺织工业原料，涉及近1亿棉农的生计和2000万纺织工人的就业；作为主要棉副产品的棉籽油是我国第四大食用油。据国家统计局统计，2014年我国棉花播种总面积6328.6万亩，全国棉花总产量616.1万吨，棉花单产97.4公斤/亩。我国棉花最高年消费量1200万吨，占世界棉花消费量的50%，棉花供需矛盾十分突出。

我国棉花育种科技和应用整体处于国际先进水平，部分领先。国产转基因棉花新品种的培育和大面积推广应用全面提升了我国棉花产业的国际竞争力，降低了棉花生产成本，减少了农药危害，保护了生态环境，成为我国农业转基因技术创新和应用的典范。随着现代生物技术的发展，二倍体棉花（雷蒙德氏棉和亚洲棉）以及四倍体棉花（陆地棉）全基因组遗传图谱绘制相继完成，对于提升我国棉花科研水平，促进高产、优质、抗逆等重要性状形成的分子机制解析、棉花分子育种和新品种的选育具有重要意义。据不完全统计，目前全国有60个大专院校及科研院所从事棉花科技及育种研发；204个涉棉种业企业注册资金3000万元以上；每年育成60个左右棉花新品种并应用于生产。近五年来，通过国家审定的棉花品种共计43个。

目前，我国棉花产业现状不容乐观，产业安全问题愈加凸显。主要表现在以下四个方面：第一，植棉面积逐年下降，棉花供给安全受到严重威胁。2014年我国棉花种植面积较2008年下滑26.75%，为近10年来最低水平，且呈进一步下滑趋势。目前，我国年均进口棉花400多万吨，已经成为继大豆之后的第二大进口农产品。第二，植棉成本逐年增加，棉农积极性受挫。随着工业化、城镇化进程加快，大量农村劳动力转移到城市，棉花生产用工成本大幅上升。同时，种子、地膜、农药等农业生产资料价格上涨，植棉比较效益越来越低，严重影响了棉农植棉积极性。第三，棉花生产全程机械化程度低。我国棉花生产一直沿袭以人工为主的精耕细作型生产方式，目前是大宗农作物中机械化程度最低的，已远不能满足现代农业发展的需求。第四，棉花种植进一步向旱碱瘠薄地转移，生产条件日益恶化、生产风险不断加大。气候异常、盐碱干旱、地膜污染和病虫危害加重，造成棉花年际间、地区间产量变幅较大，资源环境约束趋紧，严重影响棉花稳产增产。

（二）趋势与需求

为保障粮食安全并发展棉花生产优势区域，我国未来棉花产业将实施"西进、东移、北上"的重大战略转移。以发展西北内陆棉区为主，重点推动山东黄河三角洲、河北黑龙港、江苏滨海盐碱地区、长江中游沿江平原和丘陵旱地等地区棉花生产，培育内蒙等高纬度植棉区域。同时，以新疆棉区为技术转移中心，扩大与中亚和南亚地区国家的科技合作，拓展和充实新丝绸之路经济带。因此，必须高度重视提升棉花良种科技自主创新能力，抢占产品和技术制高点，确保我国棉花种业安全。

1. 产学研合作是提升棉花种业企业创新能力的重要途径

我国棉花种业起步较晚，但发展迅速，已形成种质资源、育种技术、品种培育、良种生产与加工的完整产业链条，成为转基因抗虫棉研发强国。面向新时期棉花产业发展需求，品种尚需进一步适应机械化和优质化,良种繁育体系需进一步健全。科教单位与企业紧密合作,产学研用有机衔接,是协同推进我国棉花种业技术创新和产业化的重要途径。

2. 新基因、新材料创制是选育突破性棉花品种的先决条件

主产棉区病虫草危害、低温冷害、高温干热、盐渍化、干旱等生产灾害频发,对棉花可持续发展和效益提高形成严重威胁。发掘重要性状关键基因及与重要性状紧密连锁的分子标记,通过棉花特异种质资源创新、挖掘以及分子育种技术,将抗逆与优质、高产等性状聚合,创制新材料,满足主产棉区对多抗、优质、高产、广适棉花新品种的需求。

3. 突破性新品种选育是棉花产业战略转移的重要基石

随着生产方式转变,棉农急需高产高效、管理简化和适于机采的棉花品种。由于不同棉区生态及耕作制度的差异,需要培育不同特性的高产高效品种,以适应不同种植区对高产品种的需求。棉花是劳动密集型的大田经济作物,种植管理复杂,从种到收有40多道工序,管理用工多,生产成本高。因而,培育轻简化品种、实现棉花轻简化生产是今后棉花生产发展的必由之路。在棉花产业发展过程中,棉花采收始终是制约植棉效益提高的关键环节,培育早熟、丰产、适应机械化采收的品种,以适应棉花生产方式转变的需求。

二、规划思路与原则

(一) 规划思路

按照"国发〔2011〕8号"和"国办发〔2013〕109号"文件的整体规划和要求,积极探索建立中国特色的棉花种业科技体系,推进育繁推一体化种子企业和优势科教单位协同合作,构建以产业为导向、以企业为载体、以基地为依托,产学研相结合、育繁推一体化的现代育种体系,提升我国棉花种业创新和转化能力。

(二) 基本原则

以培育具有重大应用价值和自主知识产权的棉花新品种为重

点，以提升我国棉花科技创新能力和创新效率、强化种业发展核心竞争力为目标，大力推动科研单位、高校和棉种企业的科技资源高效配置，形成"产、学、研"相结合的科企合作模式，培育突破性棉花新品种，为棉花产业健康稳定发展提供强力支撑；通过种子企业加大科研、转化和应用的投入，加强对自主创新品种的保护力度，推动育种成果向企业转移，培育"育、繁、推"一体化、创新能力强的具有国际影响力的棉花种业企业集团。

三、规划目标

（一）总体目标

由国内优势单位牵头，联合具有较强研发能力和特色的科研院所、大专院校和企业，开展产学研合作和育繁推一体化研发。发挥棉花抗旱耐盐碱优势，以轻简化植棉为突破口，实现棉花生产高产、优质、高效。到2020年，建立自动化、高通量的棉花种质资源鉴定、品种分子检测技术体系以及商业化种子检测平台；完善高校、研究所与种业企业科企合作运行机制，通过"产、学、研"紧密结合的育种创新联合体，在资源材料、重大品种以及人才储备上取得突破；孵化"育、繁、推"一体化、具备国际竞争力的棉花种业企业，并以中亚为突破口，推进实施棉花种业"走出去"战略。

通过科企合作，开展早熟和中早熟、机采棉、强优势杂交棉和常规棉新品种的培育；建立面向全国三大主产棉区的新品种（系）测试体系；加强新品种（系）示范推广基地、核心区、辐射区、中试和生产线等推广网络的构建。以品种为导向，推进种质资源开发、育种材料创制、优良品种培育、种子生产加工、良种良法配套、品种示范推广和技术服务一体化，逐步形成"分工明确、布局合理、协作紧密、运转高效"的新型棉花产学研合作格局。

（二）具体目标

种质创新：筛选优质、抗旱、耐盐碱、抗病虫、早熟等目标性状突出的资源材料 400~500 份，发掘和定位重要性状功能基因和标记 80~100 个，创制优异育种新材料 40~50 份。

核心技术：在育种方法、基因发掘、种质创新、品种测试、良种繁育、种子加工贮藏与质量检测控制等环节，形成棉花种业关键核心技术 3~5 套。建成高水平共性技术创新平台和品种培育基地 8~10 个，基本形成市场导向的种业技术创新链。

品种创制：创制适合轻简化、机械化生产的高产、优质、早熟、抗逆棉花新品种 20~30 个，满足不同棉区生产条件、种植方式以及纺织工业新需求。

品种产业化：建立规模化、标准化、现代化的高效棉花良种繁育基地 5~8 个，示范推广良种 3000 万亩，良种增产贡献率 50%；棉花良种覆盖率 80% 以上。

企业培育：培育具备国际竞争力的"育、繁、推"一体化现代棉花种子企业 2~3 家；企业研发投入强度达到销售收入 3%~5%。

四、主要攻关方向

（一）种质资源研究与新基因发掘

开展棉花重要种质资源的收集、鉴定、评价与利用，建设覆盖我国棉花种质资源库的棉花种质信息网络和共享服务平台，支持种质资源高效利用和共享，完善棉花种质资源保护、研究、管理与服务创新体系。发掘野生棉及特异种质资源中的优异基因，并提出育种利用途径，拓宽育种亲本的遗传基础，创制一批能够支撑现代种业发展和原始创新的优异种质资源和基因资源。

（二）关键育种技术研究

开展以棉花全基因组序列为基础的品种分子设计育种理论与方法研究，建立规模化、自动化、安全、高效的棉花分子育种技术体系和平台，支持以安全为前提的转基因产业化，完善棉花检测和评估系统，强化独立研发、安全评价与安全管理能力，突破一批高效、精准、定向化分子育种技术。

(三) 棉花突破性新品种培育

开展复合多抗,兼顾养分高效利用、资源节约、环境友好的棉花新品种选育研究,建设满足不同棉区生产需求的高效育种技术平台和生态育种试验站,完善早熟、高产、优质和适合机械化的育种技术体系,支持育繁推一体化种子企业聚集育种材料、技术、人才等资源要素,扩大商业化育种规模,快速提升种业科技创新能力,建立自主创新的科研育种体系,选育适宜轻简化、机械化的突破性棉花新品种。

(四) 品种测试与试验示范

开展种子市场规模化和标准化品种鉴定、综合技术集成与示范工作,建设国家品种监测与示范网(站),建立"产、学、研"相结合的科企合作运行机制,支持研制新品种区域试验、生产试验、品种保护测试和品种引进鉴定规范与标准,完善新品种检测和查询体系,实行品种审定与品种保护统一标准样品制度,结合轻简化植棉、病虫害绿色防控,实现棉花农艺农机融合的标准化种植模式及示范带动新突破。

(五) 良种制(繁)种

开展育种家种子—原原种—原种—良种的四级种子生产技术、杂交棉简化制种技术、常规棉高产高效繁育技术等关键技术研究,建立棉花良种繁育标准及杂交棉制种规程。根据品种要求,整合高保真亲本繁育技术、高效制种技术、种子质量监控技术等,组装形成棉花品种高效繁育技术体系。支持棉种企业开展棉花良种的制(繁)种工作,完善良种良法集成配套。强化棉花种子生产专业化、管理规范化、经营集约化、服务社会化,突破棉花品种选育、繁殖和推广一体化的良种繁育新体系。

(六) 种子加工与质量控制

对棉种制种过程中轧花、剥绒、脱绒、包衣、包装等流程进行工艺优化和技术改进;建设一批标准化、规模化、集约化、机械化的稳定优势种子生产基地,支持科研院所与大中型企业联合实施以分子标记技术为基础的高通量种子质量检测技术规范,完善棉种加工管理技术标准体系、种子加工和检测平台以及质量追踪监控技术体系,强化种子加工设备现代化、操作程序化、工艺科学化、质量标准化;突破形成职责明确、手段先进、监管有力的种子管理体系,显著提高优良品种覆盖率。

五、重点任务

(一)棉花核心种质创制及重要性状遗传基础研究

优异种质资源的引进、挖掘与材料创新:引进棉花重要种质资源;精准鉴定和发掘棉花抗旱、耐盐碱、优质、早熟、抗病虫等重要性状的关键基因/QTL;搭建高效的种质资源信息共享平台;创制一批抗性好、高衣分、长纤维、高比强、适宜机械化生产的新材料;创新一批遗传来源广泛的新型育种工具材料。核心种质重要农艺性状遗传基础与分子解析:在全基因组水平解析核心种质目标性状形成和演化的特征、规律和机理,建立基因组-表型组生物信息数据库,为种质创新和品种选育服务。棉花产量和纤维品质协同提高的遗传基础研究:对棉纤维产量和品质形成的遗传调控网络进行分子解析,明确棉花产量与品质协同改良的关键调控节点,同步改良棉花纤维产量和品质。重要农艺性状的功能基因研究:构建和完善规模化基因挖掘方法和功能验证技术体系,挖掘棉花产量、品质、抗病、抗逆、资源高效利用等重要农艺性状基因,明确基因功能。

(二)棉花关键育种技术研究

高效分子育种技术创新:研发建立高效质体转化、基因沉默、基因组编辑等技术体系,通过目标基因和背景的分子聚合选择,实现高效和定向化棉花育种材料创新。全基因组育种技术创新:构建棉花高通量基因分型技术平台,利用全基因组关联分析技术,建立育种骨干亲本基因组-表型组关联数据库,开展棉花全基因组分子设计育种技术研究。高效诱变育种技术创新：研究航天搭载诱变、理化诱变等棉花诱变育种新技术，创制新变异和新种质。染色体工程育种技术创新：研究不同棉种系统进化关系及基因同源性、染色体结构变异和数量变异的规律，解析外源重要农艺性状关键基因/QTL形成分子机制，创制棉花远缘渐渗新种质，为倍性育种提供支撑。

（三）棉花突破性新品种创制

强优势杂交种创制：研究棉花新型不育系、恢复系和强优势杂交种亲本选育技术；挖掘棉花种间、亚种间杂交种强优势潜力，探索优势利用简化制种新途径新方法，实现杂种优势利用关键核心技术的重大突破，培育强优势杂交棉新品种。稳产多抗新品种创制：创造不同抗性聚合的多抗育种新材料，对品种的稳产优质多抗性状进行分子设计与基因聚合，培育稳产多抗棉花新品种。棉麦（棉油）两熟棉花新品种创制：培育适合黄河流域棉花小麦两熟和长江流域棉花油菜两熟的早熟棉花新品种，提高复种指数，适应生产方式变革，实现棉粮（油）综合高效。节本高效环境友好型新品种创制：培育易管省工、适应机械化采收的棉花新品种，选育水、氮、磷、钾、药等资源高效利用的环境友好型新品种。

（四）棉花品种测试与试验示范

新品种鉴定规范与标准研制：建立健全新品种检测和查询体系，规范品种区试、审定、推广、新品种保护的田间测试标准及DNA指纹图谱鉴定标准，建立品种相似性鉴定技术规程。国家棉花品种区试、监测与示范网（站）建设：研究建立国家品种监控技术体系和示范网（站），进行主推品种、储备品种和特色品种的合理规划，发挥品种审定对育种方向的导向作用。棉花新品种轻简化栽培与病虫害绿色防控技术研究：研究棉花农艺农机融合的标准化种植模式，研究适合全程机械化作业和机采棉的群体、株型、熟性和脱叶催熟调控技术，研究病虫草害绿色防控技术，集成组建高产高效综合技术体系。

（五）棉花良种的制（繁）种

常规棉良种扩繁技术研究：研究常规棉高质高效种子扩繁技术，解决规模化提纯复壮技术难题；杂交棉简化制种技术研究：开展杂交棉高质高效种子生产技术研究，降低制种用工和劳动强度，重点解决杂交棉简化制种技术；标准化种子生产基地建设：合理布局生产基地，完善田间配套工程，建设标准化、规模化常规棉原种扩繁基地和杂交棉制（繁）种基地。

（六）棉花种子加工与质量控制

棉种生产加工关键技术研究：围绕棉种加工破籽率高、残酸率高等技术难题，研究并改进种子脱绒、包衣、包装等生产工艺技术，降低加工成本，全面提高种子成品率和播种质量。棉种质量监控体系研究：建立以分子标记技术为基础的高通量种子质量检测技术，研究制定棉种质量控制技术操作规程和管理技术标准体系，构建以物联网为基础的种子质量追踪监控技术体系。

油菜良种科技创新规划（2016—2020）

油菜是我国最重要的油料作物，其产油量占国产油料作物产油量的55%左右，发展油菜生产对保障我国食用油安全和粮食安全的意义重大。油菜良种科研攻关，是引领油菜产业转方式发展的核心关键，为贯彻落实《国务院关于加快推进现代农作物种业发展的意见》（国发〔2011〕8号）和《国务院办公厅关于深化种业体制改革提高创新能力的意见》（国办发〔2013〕109号），制定本规划。

一、发展现状与需求

（一）现状与问题

中国是世界油菜主产国之一，面积和总产均占世界25%左右。我国油菜主要分布在长江中下游地区、西南地区、西北地区和南方双季稻区。年均种植面积达1.1亿亩，总产1400万吨，是仅次于水稻、玉米、小麦的第四大农作物。与发达国家不同，我国油菜生产主要利用长江流域冬闲田种植，不仅不与粮食作物争地，而且有利于改善土壤结构、提高土壤有机质含量、减轻禾本科作物病虫害。据估算，目前长江流域还有6400万亩冬闲田可发展油菜，可新增收菜籽900万吨以上。

建国以来，我国油菜育种建立了系统种业自主创新体系，全国拥有油菜研发基地52个，其中部级基地39个，省级基地13个，建成了以国家油料作物改良中心、8个油菜分中心为基础的油菜种业创新基地；建成了全国油菜种质资源库；初步建立起油菜分子标记辅助选择、小孢子培养等现代育种技术体系。2001年以来，全国共审定中油杂、华油杂、中双、湘油、青杂等一系列突破性双低油菜品种850多个。常年油菜制种基地面积在20万亩以上，全国油菜用种量约2300万公斤（按照87.8%良种率计算），总市值达40亿元，种业企业毛利7.4亿元，参与油菜经营的企业约200个。

经过多年努力，我国油菜种业在自主创新的基础上，不断引进吸收国外先进的育种成就，形成了我国特色的油菜品种选育理论和技术体系，在杂种优势利用、高含油量遗传与改良、抗（耐）菌核病育种、功能基因组研究等方面具备世界领先优势，定位了与油菜产量、品质、抗性、花期、育性等很多重要性状相关基因，克隆了控制育性恢复、含油量、油酸含量等性状的功能基因。

与发达国家相比，我国在生物技术育种、适用机械化品种选育等方面存在较大差距。一是育成品种竞争力较弱。缺乏高产高抗高油高效适合机械化生产的品种，与德国、法国等发达国家相比，单产偏低。二是育种效率较低。可供育种利用的紧密连锁分子标记较少；MAS等分子技术在育种上应用少，育种周期长。三是缺乏突破性种质资源。新型授粉控制系统、抗病、矮秆、抗逆、抗裂角、高产等材料缺乏。四是种子生产和加工检测技术不能适应现代种业需求。油菜种子安全储藏、包衣、活力提升等健康种子加工技术体系尚未建立。

（二）趋势与需求

1. 生产方式多元化对品种性状提出新的需求

当前我国油菜产业发展的趋势是大力提高单产、含油量和改良特殊脂肪酸品质，推进油菜机械化生产，显著提高生产效率和效益。在当前形势下，对油菜品种提出了早熟三高需求，一是具备高产、高抗、高效等特性，适应当前机械化生产的需求；二是适当缩短生育期，适应双季稻产区180天的生长周期需求；三是提高含油量、油酸等品质性状，满足加工业和高档食用油市场的需求。

2. 分子育种逐渐成为重要的育种手段

目前，我国已经完成了油菜基因组测序，建立了基因组信息共享平台，为分子育种奠定了世界领先条件。今后将进一步建立全国共享的油菜分子标记育种平台和表型鉴定平台，开发与产量、品质、株型、抗倒、抗裂角、抗菌核病、抗根肿病、耐渍、抗旱、抗虫、抗除草剂等性状紧密连锁的实用分子标记，分离和转化相关功能基因，提高选择的准确性和效率，加快育种进程，将是我国油菜育种技术的发展方向。

3. 重建新型育种体系是国家政策和市场的未来方向

目前我国油菜育种机构小而多、企业研发投入积极性不高。要加快科研院所新品种创新要素（人才、资源、仪器、设备等）向企业的转移或紧密合作。重新构建新型油菜种业体系，实现分工合理，市场导向明确，产学研结合的育种创新机制，将成为今后一段时期的探索重点。

二、规划思路与原则

（一）规划思路

根据我国油菜产业向机械化、早熟、三高升级转型的种业科技需求，组织国内油菜种业科技资源联合攻关，推动油菜种质资源创新、高效分子育种、新品种创制、制繁种、种子加工和运行机制等关键技术突破，选育适应油菜机械化生产需要的早熟三高新品种，显著提高我国油菜单产、品质、含油量、抗性。建立与产业紧密结合的种业科技人才、基地、平台，创新商业化育种模式，打造具有研发能力的油菜制繁种一体化种业企业，全面提升我国油菜种业自主创新能力、成果转化能力、持续发展能力和国际竞争力。

（二）基本原则

坚持产业发展导向，强化种业科技创新。以满足油菜产业发展需求为导向，进一步强化油菜良种科技创新，将科技优势转化为油菜产业发展的现实生产力，充分发挥种业科技创新对现代油菜产业发展的支撑和引领作用。

坚持原始创新，强化公益性基础研究。鼓励科研院所和高等院校加强公益性基础研究，系统规划研究重点和内容，加快研发适应现代油菜种业发展的新方法、新技术、新材料，不断提升我国科技创新能力。

坚持科企合作，强化种业机制创新。建立产学研分工明确、有效结合的科技创新体系。建立技术创新市场导向机制、产学研协同创新机制、技术创新激励机制、科研资源管理和有偿使用机制（公平公正、公开透明、共享共用）。

三、规划目标

（一）总体目标

发掘一批目标性状突出、综合性状优良的油菜基因资源，建立现代分子生物学与传统育种技术相结合的高效分子育种技术体系，培育一批高产、高油、高抗、适宜机械化生产的油菜新品种，研发高效安全制种繁种高活力种子加工和储藏技术，逐步建立起以品种创新为核心、良种供应有保障、信息化网络健全、市场竞争力强的现代油菜种业体系。"十三五"末，使我国油菜种业国际竞争力显著提高，保障我国食用油的安全供给。

（二）具体目标

种质资源：创新挖掘一批突破性种质和功能基因。引进并鉴定具有品质、农艺、抗性性状突出的种质资源100~150份；创制新种质50~100份；分离出育性、高含油量、抗病、抗逆、株型、营养高效等重要性状的基因10~15个；探索亚基因组间杂种优势利用潜力。

核心技术：建立高通量的分子育种关键技术，定位与产量、株型、品质、抗病、抗逆、杂种优势等性状有关的QTL 60~80个，研制油菜分子育种技术体系和专用SNP芯片产品，开发紧密连锁的分子标记100~120个。

品种创制：育成一批突破性高产高油适应机械化作业的油菜新品种。创造新型不育系统、高含油量、多抗、营养高效等优良育种亲本和新品系50~100份；选育新品种80~100个，产量比"十二五"末育成品种提高5%以上，含油量高于43%，品质达到国家油菜双低标准，具备抗倒、稳产、抗逆等适合机械化生产性状，其中突破性新品种 8~10 个。

品种产业化：建立机械化高效良种繁育和种子加工技术。建立以精量播种机、喷药机、分段收获机、烘干机为主的全程机械化的高效制繁种和种子加工技术；建立油菜室内纯度快速检测技术；制定油菜种子储藏环境条件标准和技术；新品种累计示范推广面积 2000 万亩以上。

种业平台：建立全国布局的油菜新品种规模化测试网络；研制适合我国油菜新品种选育的高通量高效鉴定 SNP 芯片和检验平台；建立小孢子培养平台和精准表型鉴定平台，提高资源的利用率；建立产学研结合的种业创新平台，培育具有国际竞争力的企业。

四、主要攻关方向

（一）新型油菜育种亲本资源创制与新基因发掘

广泛收集和鉴定国内外重要品种资源，利用远缘杂交、多倍体化、理化诱变、基因定向修饰、小孢子培养、细胞工程等技术手段重点开展对机械化性状和早熟性状的定向改良；创造新型安全稳定雄性不育系统、高含油量和蛋白质、优异脂肪酸组成、抗菌核病与根肿病、抗旱耐渍、抗裂角、NPK 营养高效等优良育种亲本材料，克隆具有自主知识产权的重要功能相关基因。

（二）高通量油菜分子育种技术

在现有杂种优势利用技术的基础上，研究油菜杂种优势形成的分子机理；完善细胞工程育种技术，开发与优良农艺性状连锁并且经济实用的标记，完善多个重要目标性状重组聚合的分子标记技术；在长江流域上、中、下游三个生态区以及春油菜区建立稳定的油菜测试网点，建立全国共享的油菜分子标记育种平台和表型鉴定平台。

（三）突破性新品种创制

突破杂种优势利用瓶颈，创建新型授粉控制系统，创新杂种优势的利用途径，进一步提高亲本配合力和抗性，选育强优势杂交油菜新品种；针对长江中游、下游及黄淮、西南、西北等不同产区培育高产、抗病、抗逆、适宜机械化生产的油菜新品种；针对三熟制产区培育生育期短、抗菌核病、抗早苔早花、适宜稻稻油三熟轮作的极早熟高产油菜新品种；针对市场和企业需求培育超高油酸、高含油量等高产优质专用新品种。

（四）高效安全良种制（繁）种和产业化关键技术

完善杂交油菜品种和常规油菜品种制繁种技术规程，研究制种与繁育高产安全栽培技术，筛选种子生产关键机械装备，突破油菜制种全程机械化，提高制种产量和纯度，降低生产成本；研制油菜种子分子指纹、根肿病、黑胫病、生活力等检测技术，开发安全可靠的种子处理剂（包衣剂），建立油菜种子处理技术规程；开发种子精选机和精量包装机装备，鉴定适合小粒种子加工的实用机型，建立高效加工技术规程。

（五）共享育种平台建设

利用油菜种质资源评价、育种方法、品种测试、种子生产、信息化管理等技术，构建分工合理、流水线式的商业化育种技术体系。投资建设油菜规模化测试网络平台、油菜SNP育种芯片试验平台、基因转化平台、小孢子培育平台、人才培育基地，培育具有国际竞争力的油菜育繁推一体化种业企业，提高我国油菜育种效率和水平。

五、重点任务

（一）油菜优异种质资源挖掘与创新

精准鉴定和发掘油菜高含油量和蛋白质、优异脂肪酸组成、抗菌核病、抗旱耐渍、早熟抗冻、理想株型、抗裂角、NPK营养高效等重要性状基因资源；利用远缘杂交、诱变和聚合育种等技术，创制安全稳定新型雄性不育系和恢复系、萝卜细胞质恢复系、新型亚种间杂种、产量性状突出、超高含油量、抗根肿病、高抗裂角等资源新材料。

— 61 —

(二) 油菜功能基因组研究

开展基因组学、蛋白质组学和代谢组学研究，建立基因型-表型生物信息数据库；发掘油菜产量、含油量、高油酸、抗裂角、抗病、抗逆、株型、高光效、根系构型等重要性状目标基因的变异位点和作用，解析其功能；阐明油菜高产油量、油菜杂种优势、抗裂角与抗倒、油菜营养高效、菌核病和耐渍性抗性等遗传与代谢途径调控机制，为指导高产高抗高效机械化油菜新品种培育提供理论支撑。

(三) 油菜分子设计育种技术

构建分子设计育种的理论体系，完善细胞工程育种技术，开发与农艺性状连锁并且经济实用的分子标记，研发高产、高油、抗病、抗逆、适宜机械化为重点的油菜分子育种专用SNP芯片等成套产品，建立全国共享的油菜分子标记育种平台和表型鉴定平台，完善覆盖油菜主产区的新品种测试网络，显著提高育种效率。

(四) 染色体细胞工程与诱变育种

构建以远缘杂交、多倍体化、胚拯救和细胞融合技术为核心的育种材料平台，创制具有优良性状的油菜种质；应用物理、化学和生物诱变技术创建油菜产量、含油量、品质、抗裂角、抗病、抗逆、株型、高光效、根系构型等重要性状的突变体，建立突变基因高通量发掘与高效诱变育种技术体系，丰富油菜种质资源。

(五) 油菜强优势杂交种创制

研究油菜杂种优势利用途径中相关基因功能及育性转换机制，创新杂种优势利用途径，划分油菜品种的杂种优势群，开展大规模的配合力鉴定，创制单产或产油量提高10%以上、抗病性强、抗倒抗逆、适宜机械化生产的强优势杂交新品种，配套适合强优势油菜杂交种的农机农艺生产技术并大面积推广应用。

(六) 油菜良种培育科技工程与示范

针对长江中游产区，重点培育高含油量、抗菌核病、抗冻耐渍、抗倒耐密植的机械化超高产新品种；针对西南产区，重点培育抗根肿病高产油菜新品种；针对长江下游及黄淮产区，重点培育耐迟播、高抗菌核病和冻害、抗倒耐密的机械化新品种；针对南方三熟制产区，重点培育适宜稻稻油三熟轮作的极早熟高产油菜新品种；针对西北产区，重点培育春性强、抗旱性强、抗倒耐密的机械化早熟高产春油菜新品种；针对市场和企业需求，重点培育超高油酸、高含油量等高附加值专用新品种。

（七）油菜制（繁）种技术研究与示范

研究高质高效油菜种子生产技术、机械化制（繁）种技术、原原种扩繁技术，重点突破 Polima 安全制种、化学杂交剂和隐性细胞核不育三系制种技术；探索萝卜细胞质三系制种关键技术，建立相应技术规程；创新油菜种子生产加工、安全储藏和质量控制技术；对突破性品种，以后补助形式收购或进入市场拍卖，委托实力雄厚的种业企业实施产业化。

蔬菜良种科技创新规划（2016—2020）

我国是蔬菜生产大国。为了加速提升我国蔬菜育种科技创新能力，为我国蔬菜产业优化升级提供更加有力的支撑，依据《国务院关于加快推进现代农作物种业发展的意见》（国发〔2011〕8号）和《国务院办公厅关于深化种业体制改革提高创新能力的意见》（国办发〔2013〕109号），制定本规划。

一、发展现状与需求

（一）现状与问题

1. 蔬菜育种力量不断增强，形成了独立的蔬菜种业创新体系

改革开放以来，我国蔬菜种业得到了快速发展，形成了较完整的科技创新体系。目前我国从事蔬菜育种研究的科研单位100多个，大学30多个，科研人员2000多人。蔬菜育种领域相关科研平台51个，其中国家工程实验室1个、工程技术研究中心7个、蔬菜改良中心（分中心）6个、国家现代农业产业技术研发中心4个、教育部重点实验室2个、农业部重点实验室13个。

2. 育种技术进步较快，自主育成的品种在生产中占主要地位

目前，我国收集保存的蔬菜种质资源有3.6万份，居世界第三位。我国蔬菜细胞育种技术研究具有较长的历史和坚实的基础，单倍体育种技术在十字花科、葫芦科、茄科的主要蔬菜作物育种中的应用不断取得新进展。"十一五"以来，我国组织发起或参与完成了黄瓜、白菜、西瓜、马铃薯、甘蓝、番茄、辣椒、萝卜的基因组测序，以国内力量为主完成了黄瓜、番茄、白菜的批量材料的重测序，获得了一批重要的变异组学基础数据，克隆了一批重要基因。分子标记辅助选择技术在番茄、白菜、甘蓝、黄瓜等主要作物的育种实践中得到越来越广泛的应用。我国蔬菜分子育种技术研究在部分主要蔬菜作物上进入世界先进行列。据统计，我国开展杂种优势

育种的蔬菜作物已达27种，主要蔬菜品种90%以上为杂种一代。利用雄性不育制种技术得到越来越广泛的应用，在国际上率先建立了利用显性不育进行甘蓝大规模杂交制种技术。1978年以来，育成各类蔬菜品种5000多个，目前，生产上80%以上栽培面积应用的是国内的品种。

3. 蔬菜种业快速发展，市场规模不断扩大

目前，我国每年蔬菜栽培面积达到3亿多亩，每年蔬菜种子用量5万多吨，市场价值超过120亿元。随着杂交种覆盖率的增加，以及商业化育苗的普及，蔬菜种子市场总值将会持续增加，预计2020年我国蔬菜种子的市场价值将超过160亿元。近十多年来，我国蔬菜种业发展的步伐不断加快，规模化经营的种子企业不断增加，营业额达到5000万元以上的种子企业已有20多家。民营企业的育繁推一体化能力不断增强。据不完全统计，目前民营蔬菜种子企业中专门从事育种研发的科研人员已超过300人。但是，总体上我国蔬菜种业尚不能满足快速发展的蔬菜产业的需求，蔬菜种子企业创新能力和竞争力亟待提升，种子企业的现代化管理制度有待健全和完善。

（二）趋势与需求

1. 世界蔬菜育种进入技术创新不断取得突破的新阶段

目前，世界蔬菜育种发展总体特征是，种质资源越来越集中，技术创新步伐越来越快。世界主要国家倍加重视蔬菜育种技术创新，逐步形成了政府、社会和企业多元化投入机制，在资源研究和育种技术创新上更加重视和推进大平台共享、大协作创新。蔬菜分子育种逐步采用高通量自动化检测分析平台，单倍体育种呈现大规模、流程化发展趋势。基因组编辑等技术正在熟化并应用于蔬菜种质创新与育种。

2. 种业创新是我国蔬菜产业可持续发展的重要保障

我国蔬菜产业正处于转型升级阶段。产业的发展方式正在由数

量扩张型向效益提高型转变,专业企业、合作社、家庭农场等新型经营主体大量涌现,设施栽培面积持续扩大,蔬菜加工种类和数量不断增加,消费市场对产品质量的要求越来越高。因此,蔬菜生产上亟需品质更优良、抗病性更优异、对逆境环境适应性更强的品种,适宜高密度栽培、机械化作业的品种,管理省工、适宜轻简化栽培的品种,以及适合不同加工用途的品种。这些迫切需要通过加强蔬菜种业的科技创新予以解决。

3. 大力加强蔬菜种业创新也是应对国际蔬菜种业竞争的需要

目前我国蔬菜生产中,国外种子在耐抽薹白菜、耐热萝卜、水果黄瓜、红果番茄、温室甜椒、温室茄子、胡萝卜、黄皮洋葱、菠菜、青花菜等作物或品种上占有较大的份额。近5年来国外蔬菜种子在我国的销售量总体上呈增加的趋势。因此,必须进一步加强蔬菜育种科技创新,保障蔬菜产业的健康、稳定的发展。

二、规划思路与原则

(一) 规划思路

规划的总体思路是,以满足国家蔬菜产业发展的需求为根本,以蔬菜育种全产业链为主线,以蔬菜育种理论与技术国际研究前沿为引导,以实现资源、技术、品种新突破为目标,以产、学、研分工协作为视角,制定我国蔬菜种业到2020年的良种科技创新规划,全面提升我国蔬菜种业科技创新能力。

(二) 基本原则

1. 坚持统筹兼顾

根据蔬菜产业的特点和具体需求,整体统筹蔬菜育种科技攻关规划。以主要作物为重点,兼顾特色作物;以近期目标为重点,兼顾中长远目标;以鲜食用品种为重点,兼顾加工用品种。

2. 突出原始创新

在蔬菜育种基础理论、技术方法、种质创新和品种选育等环节,着重加强自主创新,强化原始创新。

3. 全产业链设计

以种业全产业链为主线,覆盖从基础研究到种子生产、加工等各个环节。

三、规划目标

(一) 总体目标

通过遗传资源精准评价,创制一批遗传背景丰富、关键性状优异、具有自主知识产权的核心种质资源;在分子育种和细胞工程育种技术方面取得突破,形成系统化、流程化、规模化、信息化的蔬菜育种技术体系;育成一批在产量、品质、抗病性、抗逆性、加工特性等方面有突破性进展的新品种;在适宜高密度栽培、机械化作业和轻简化管理品种选育方面获得一批重要育种材料;培育出一批具有一定国际竞争力的育、繁、推一体化蔬菜种子企业;蔬菜良种产业整体达到国际先进水平。自主育成蔬菜品种生产覆盖率由目前的80%提高到85%以上。

(二) 具体目标

优异种质创新:拓展现有遗传资源,通过资源深度评价和表型精准鉴定,获得200~300份有重要育种价值的优异材料;围绕主要蔬菜作物创制优良育种骨干材料100份。

育种技术研究:针对主要蔬菜作物,建立全基因组分子标记定向选择技术,重点在优良背景选择、多基因高效聚合、远缘优异基因定向导入等技术研究方面获得突破。建立标准化和规模化的分子育种流程与平台技术。优化和完善主要蔬菜的单倍体育种技术,可诱导基因型比率提高20%。

新品种选育:育成各类蔬菜新品种200个。新品种在丰产性、抗新的主要流行病害、耐低温弱光、商品品质、耐贮运性等性状改良方面取得突破,感官品质和营养品质得到显著提高。育成的加工品种在产量和加工特性方面达到国外同类品种的水平。适合高密度栽培和机械化作业的新品种选育取得显著突破。

品种产业化：示范推广优良品种5000万亩，主要蔬菜作物良种化率达到95%。

平台建设与企业培育：重点建设2~3个蔬菜种质创制和分子育种技术公益性研发平台。培育3~5个年度销售收入达到1.5亿元、具有一定国际竞争力的育繁推一体化的蔬菜种子企业。

四、主要攻关方向

（一）优异蔬菜种质资源挖掘

通过集中开展基因型检测与重要性状表型精准鉴定和评价，挖掘性状突出的优异新种质；通过研究基因组变异，挖掘优异新基因，解析重要性状形成的遗传机理与调控网络。

（二）重大育种技术与材料创新

通过开展全基因组水平的分子标记选择、细胞及染色体工程、基因组编辑等技术，强化蔬菜现代育种理论和技术创新，并与常规育种技术相结合，创制生产急需的突破性育种新材料。

（三）重大新品种选育

以主要蔬菜为对象，针对不同生产模式和不同生产区域的需求特点，建立标准化、高效率的新品种选育和测试体系，培育突破性新品种。

（四）良种繁育与产业化关键技术

研究主要蔬菜规模化高效高产制繁种技术，种子规模化加工技术，适合机械化播种的种子处理技术，种子检验与质量控制技术。

（五）公益性作物育种平台基地建设

建设高水平规模化的公益性蔬菜育种基础研究平台，包括基因组学、变异组学研究平台、基因资源信息库等；建设育种技术研究平台，包括规模化表型与基因型鉴定平台、细胞与染色体工程研究平台等。

（六）种业龙头企业培育

支持有实力的蔬菜种子企业通过整合蔬菜育种科研力量与相关

资源，建立商业化育种模式与管理机制，增强育繁推一体化能力，发展成为具有较强自主创新能力和核心竞争力现代种业企业。

五、重点任务

（一）种质资源研究与新基因发掘

优异基因挖掘与种质创新。利用全基因组重测序和SNP芯片技术，结合表型精准鉴定和全基因组关联分析（GWAS），开展核心和优异种质的遗传背景规模化的基因分型研究，挖掘具有重要利用价值的优异基因。应用远缘杂交、理化诱变、细胞工程、分子标记等技术，并与常规技术相结合，创制具有多抗（尤其是抗新流行病害）、优质、适于机械作业和轻简化栽培管理等优异目标性状的新种质。

优异种质共享平台建设。依托于国家农作物种质资源共享利用平台，集成表型和基因型精准鉴定数据，构建种质资源精准鉴定数据库，拓展和完善国家蔬菜种质资源信息管理系统，对国内提供开放式信息服务，实现数据和实物的全方位共享。

（二）关键育种技术创新与集成应用研究

主要蔬菜作物的分子设计育种技术。开发覆盖全基因组的高密度分子标记，研究建立主要蔬菜作物的全基因组背景选择技术体系。开发与重要农艺性状紧密连锁的分子标记和高效分子标记检测技术，建立主要蔬菜作物高效基因聚合育种技术体系和平台技术。开展基因编辑等前沿育种技术研究。

主要蔬菜细胞工程育种技术。开展主要蔬菜单倍体育种技术研究，着重突破基因型障碍难题。研究建立基于分子标记辅助的远缘优异目标性状的高效定向导入及纯合技术。

强优势杂交组合选育技术研究。开展主要蔬菜作物杂交优势的全基因组选择技术研究，解析杂种优势形成的分子机制，研究定向选择技术。研究雄性不育、自交不亲和以及花性别转化的分子机制和调控技术。创新优异雄性不育材料。

育种技术集成研究。建立以常规育种为基础，集成分子设计育种技术、细胞工程育种技术、强优势杂交组合选育技术、信息技术等综合育种技术，以及专业化分工、流水线作业、高通量的商业化育种体系。

（三）突破性新品种选育

优质、丰产、适应性强品种选育。针对不同栽培季节、不同栽培方式、不同栽培类型的需要，培育适应性强、丰产性好、品质优良，抗新的主要流行病害的新品种。

适于机械化作业和轻简化管理的品种选育。选育适宜机械化定植（播种）、收获的叶菜类和根菜类品种，适合机械化定植的果菜类品种。选育适于高密度种植的品种，以及栽培管理中省工、省力的品种。

加工与特色蔬菜品种选育。选育加工性状优异、适合机械化作业的加工蔬菜品种，以及特色明显的蔬菜新品种。

（四）良种制（繁）种技术

研究利用雄性不育、自交不亲和、雌性系的高产、优质大规模制种技术，以及人工授粉杂交高效制种技术。建立主要蔬菜作物标准化杂交制种基地。

（五）种子加工与质量控制

研究主要蔬菜种子筛选、分级、包衣、包装、引发和贮藏技术，实现种子加工标准化和规范化。研究种子纯度、病原物等高效检测与杀菌技术。开展主要蔬菜种子分子指纹检测技术研究。

《主要农作物良种科技创新规划（2016—2020）》解读

（中华人民共和国科技部）

科技部会同农业部、教育部、中国科学院发布了《主要农作物良种科技创新规划（2016—2020年）》（以下简称《良种规划》）。为了更好地贯彻和执行，科技部农村司对《良种规划》有关内容进行了解读。

一、关于《良种规划》编制的背景

为深入贯彻《国务院办公厅关于深化种业体制改革提高创新能力的意见》（国办发〔2013〕109号）和《国务院印发关于深化中央财政科技计划（专项、基金等）管理改革方案的通知》（国发〔2014〕64号）的精神，科学有效地推进农作物种业科技改革创新，科技部、农业部、教育部、中国科学院在充分征求各有关部门（单位）和专家意见的基础上，联合编制和发布了《主要农作物良种科技创新规划（2016—2020年）》。

二、关于《良种规划》的主要内容

《良种规划》围绕夯实种业研究基础、突破育种前沿技术、创制农作物重大产品、培育种业新兴产业、引领现代农业的战略目标，主要内容包括六部分，一是分析了我国农作物育种发展现状、与国际的差距，以及在保障国家粮食安全和转变农业生产方式等方面的重大需求；二是阐述了《良种规划》的总体思路与基本原则；三是明确了《良种规划》的总体目标与具体指标；四是凝练出优异种质资源鉴定与重要新基因挖掘、重大育种技术与材料创新、重大新品种选育与试验示范、良种繁育与产业化关键技术、公益性作物育种平台基地建设、种业龙头企业培育等六项主要攻关方向；五是部署了主要农作物优异种质资源挖掘与创新、重要性状遗传基础与组学解析、分子设计育种、染色体细胞工程与诱变育种、强优势杂交种创制、良种培育工程和制繁种工程等七大重点任务；六是提出了明确的保障措施，确保《良种规划》落地生效。

三、关于《良种规划》重点任务的具体内容

以水稻、小麦、玉米、大豆、棉花、油菜、蔬菜等主要农作物为对象，按照种质资源与基因发掘、育种技术、品种创制、良种繁育、种子加工与质量控制等科技创新链条，从基础研究、前沿技术、共性关键技术、产品创制与示范应用，部署全产业链育种科技攻关任务。在主要农作物优异种质资源挖掘与创新方面，建立与完善主要农作物特异种质资源安全保存、基因源分析与种质创新技术体系，促进我国种质资源丰富的优势转变为基因资源优势和产业竞争优势；在主要农作物重要性状遗传基础与组学解析方面，重点解析优异种质资源形成与演化规律和骨干亲本形成的遗传基础，克隆关键基因，阐明重要性状形成的分子机制；在主要农作物分子设计育种方面，聚焦可供育种利用分子标记的开发及重要性状表型、基因组及蛋白质组等数据库的构建，完善基于品种分子设计的高效育种技术体系；在主要农作物染色体细胞工程与诱变育种方面，重点研发染色体片段准确识别与跟踪技术、细胞培养高频率再生新技术、提高基因突变频率和调控基因变异方向的诱变新技术；在主要农作物强优势杂交种创制方面，重点开展杂种优势形成机理与杂种优势预测技术、新型不育系和强优势杂交种亲本选育技术、强优势杂交新品种创制等研究；在主要农作物良种培育方面，突出主产区需求，以提高产量、改善品质、增强抗性为重点，培育主要农作物优质、高产、多抗、广适、适合机械化的重大新品种；在主要农作物制繁种研究方面，主要开展种子安全高效生产、加工和质量控制技术研究与标准制定、种子规模化加工关键技术与装备、高通量品种纯度快速检测技术和指纹图谱检测技术等研究。

四、关于如何推动《良种规划》贯彻落实

主要农作物良种科技创新规划在全面梳理了我国农作物种业科技本底现状基础上，明确了我国农作物种业发展的新阶段和新要求，在加快推动我国主要农作物育种研究和种业创新等方面具有重要意义。为了切实推动《良种规划》贯彻落实，提出了如下要求：

一是强化组织领导健全部门会商机制，促进部门之间、中央与地方之间形成目标一致、职责明确、通力协作的新局面；二是加快构建新型农业科技创新体系，发挥基础性、公益性研究对我国种业创新驱动的引领和支撑作用，支持有实力的企业建立全产业链的种业科技创新体系；三是强化创新人才队伍建设，加快领军型、复合型种业创新人才的培养和引进，鼓励种业科技人才在科教单位和企业之间通过兼职、挂职、实施项目等方式双向流动；四是加大农业科技创新条件能力建设，加强种业创新平台的规划，加快建设一批种业领域重大科学工程、重点实验室、科学观测试验站、育种及种子生产基地，完善形成一批"布局合理、运行高效"的农业科技创新平台；五是建立多元化投融资体系，促进企业加大对种业相关科技研发活动的支持力度，使企业成为种业相关科技投入的主体；六是完善品种管理体系和品种管理制度，改进科研成果评价方式，促进形成有利于加强基础性公益性研究和解决生产实际问题的评价体系；七是强化种业科技国际合作，鼓励我国种业具有优势技术和产能的领域走出去，开发国际市场，以及在全球范围内进行知识产权保护。

水稻机械化育插秧技术

水稻机械化育插秧技术要点（试行）

农业部办公厅
关于印发《水稻机械化育插秧技术要点（试行）》的通知
农办机〔2006〕6号

各省、自治区、直辖市和计划单列市农机管理局（办公室、中心），新疆生产建设兵团农机局、黑龙江省农垦总局农机局，农业部农业机械化技术开发推广总站：

  水稻机械化育插秧技术是2006年我部发布的20项主推技术之一，其示范培训工作已纳入我部"九大行动"之一的农业科技提升行动中，亦列为今年我部为农民办的"15件实事"之一。为规范技术要领，加强技术指导，做好水稻育插秧机械化技术的示范推广工作，我部制定了《水稻机械化育插秧技术要点（试行）》，现予印发，请各地结合实际贯彻运用。

农业部办公厅
二〇〇六年四月十日

水稻机械化育插秧技术是采用规范化育秧、机械化插秧的水稻移栽技术，主要内容包括适合机械栽插要求的秧苗培育、插秧机的操作使用、大田管理农艺配套措施等。采用该技术可减轻劳动强度，实现水稻生产的节本增收、高产稳产。

一、规范化育秧

规范化育秧是实现机械化插秧的关键，常用的方式有双膜育秧、软盘及硬盘育秧三种。规范化育秧的显著特点是密度大、省秧田、秧龄短、秧苗成毯状。要求播种均匀、出苗整齐、根系发达、茎叶健壮、无病无杂。

（一）技术工艺流程（图略）

（二）育秧前期准备

1. 床土准备

床土宜选择菜园土、熟化的旱田土、稻田土或淤泥土，采用机械或半机械手段进行碎土、过筛、拌肥，形成酸碱度适宜（pH5~6）的营养土。培育每亩大田用秧需备足营养土100kg，集中堆闷。

2. 种子准备

品种选择：选择通过审定、适合当地种植的优质、高产、抗逆性强的品种。双季稻应选择生育期适宜的品种。每亩大田依据不同品种备足种子。

种子处理：种子需经选种、晒种、脱芒、药剂浸种、清洗、催芽、脱湿处理。机械播种的"破胸露白"即可，手工播种的芽长不超过2mm。

3. 苗床准备

选择排灌、运秧方便，便于管理的田块做秧田（或大棚苗床）。按照秧田与大田1∶100左右的比例备足秧田。苗床规格为畦面宽约140cm、秧沟宽约25cm、深约15cm、四周沟宽约30cm以上、深约25cm。苗床板面达到"实、平、光、直"。

（三）播种

为了确保规范化育秧质量，保证播种均匀、出苗整齐，宜采用机械或半机械播种方法。

1. 工艺流程

铺放育秧载体　　装床土　　洒水　　播种　　覆土

2. 确定播种期

根据适宜机插的秧龄，参照当地常规栽插时间倒推适宜播种期。

3. 铺放载体

育秧载体有软盘、硬盘和有孔地膜。根据不同水稻品种，每亩机插大田约需15~25张软（硬）盘。双膜育秧按每亩大田准备长5m左右、幅宽1.5m的有孔地膜，孔距一般为2×3cm，孔径2~3mm。

根据不同育秧方式铺放不同载体。软（硬）盘紧密排放于苗床上。双膜育秧将打孔地膜平铺于苗床上，四周用木条固定，以控制床土厚度。

4. 装床土

在育秧载体上铺放床土，土层2cm左右，表面平整，并使床土水分达到饱和状态。

5. 播种

规范化育秧需精量播种。根据品种和当地农艺要求，选择适宜的播种量，要求播种准确、均匀、不重不漏。双膜育秧由于要切块切边，用种量略高于盘育秧。

6. 覆土

播种后要覆土，覆土厚度0.3~0.5cm左右，以不见芽谷为宜。

（四）覆膜

根据当地气候条件，搭拱棚或覆盖农膜后加盖稻草进行控温育秧。

（五）秧苗管理

1. 立苗

立苗期保温保湿，快出芽，出齐苗。一般温度控制在30℃，超过35℃时，应揭膜降温。相对湿度保持在80%以上。遇到大雨，及时排水，避免苗床积水。

2. 炼苗

一般在秧苗出土2cm左右，揭膜炼苗。揭膜原则：由部分至全部逐渐揭，晴天傍晚揭，阴天上午揭，小雨雨前揭，大雨雨后揭。

日平均气温低于12℃时，不宜揭膜。

温室育秧炼苗温度，白天控制在20~25℃，超过25℃通风降温；晚上低于12℃，盖膜护苗。

3. 水肥管理

先湿后干，秧苗三叶期以前，保持盘土或床土湿润不发白。移栽前控水，促进秧苗盘根老健。

根据苗情及时追施断奶肥和送嫁肥。

4. 病虫害防治

秧苗期根据病虫害发生情况，做好防治工作。同时，应经常拔除杂株和杂草，保证秧苗纯度。

（六）秧苗标准

适宜机械化插秧的秧苗应根系发达、苗高适宜、茎部粗壮、叶挺色绿、均匀整齐。参考标准为：叶龄3叶1心，苗高12~20cm，茎基宽不小于2mm，根数12~15条/苗。

二、机械化插秧

机械化插秧具有定苗定穴，栽深一致等特点。

（一）大田质量要求

机插水稻采用中、小苗移栽，耕整地质量的好坏直接关系到机械化插秧作业质量，要求田块平整，田面整洁、上细下粗、细而不糊、上烂下实、泥浆沉实，水层适中。

综合土壤的地力、茬口等因素，可结合旋耕作业施用适量有机肥和无机肥。

整地后保持水层2~3天，进行适度沉实和病虫草害的防治，即可薄水机插。

（二）秧块准备

插前秧块床土含水率40%左右（用手指按住底土，以能够稍微按进去为宜）。

将秧苗起盘后小心卷起，叠放于运秧车，堆放层数一般2~3层为宜，运至田头应随即卸下平放（清除田头放秧位置的石头、砖块等，防止粘在秧块上，打坏秧针），使秧苗自然舒展；并做到随起随运随插，避免烈日伤苗。

双膜育秧应按插秧机作业要求切块起秧，将整块秧板切成适合机插的标准秧块，宽为27.5~28cm、长为58cm左右。

（三）插秧作业

1. 插秧前的准备

插秧作业前，机手须对插秧机作一次全面检查调试，各运行部件应转动灵活，无碰撞卡滞现象。转动部件要加注润滑油，以确保插秧机能够正常工作。

装秧苗前须将空秧箱移动到导轨的一端，再装秧苗，防止漏插。秧块要紧贴秧箱，不拱起，两片秧块接头处要对齐，不留间隙，必要时秧块与秧箱间要洒水润滑，使秧块下滑顺畅。

按照农艺要求，确定株距和每穴秧苗的株数，调节好相应的株距和取秧量，保证每亩大田适宜的基本苗。

根据大田泥脚深度，调整插秧机插秧深度，并根据土壤软硬度，通过调节仿形机构灵敏度来控制插深一致性，达到不漂不倒，深浅适宜。

选择适宜的栽插行走路线，正确使用划印器和侧对行器，以保证插秧的直线度和邻接行距。

2. 插秧作业质量

机械化插秧的作业质量对水稻的高产、稳产影响至关重要。作业质量必须达到以下要求。

漏插：指机插后插穴内无秧苗。漏插率≤5%；

伤秧：指秧苗插后茎基部有折伤、刺伤和切断现象。伤秧率≤4%；

漂秧：指插后秧苗漂浮在水（泥）面。漂秧率≤3%；

勾秧：指插后秧苗茎基部90°以上的弯曲。勾秧率≤4%；

翻倒：指秧苗倒于田中，叶梢部与泥面接触。翻倒率≤4%；

均匀度：指各穴秧苗株数与其平均株数的接近程度。均匀度合格率≥85%；

插秧深度一致性：一般插秧深度在0~10mm（以秧苗土层上表面为基准）。

三、大田管理

根据机插水稻的生长发育规律，采取相应的肥水管理技术措施，促进秧苗早发稳长和低节位分蘖，提高分蘖成穗率，争取足穗、大穗。

（一）施肥

肥料种类和施肥量与当地的常规栽插相似。基肥为有机肥和无机肥结合施用；分蘖肥宜分多次施用；穗肥以促花肥和保花肥相结合，以促花肥为主。

（二）管水

栽后及时灌浅水护苗活棵，栽后2~7天间歇灌溉，扎根立苗。活棵分蘖期浅水勤灌，促根促蘖；有效分蘖临界叶龄期及时晒田，以"轻晒、勤晒"为主；拔节孕穗期保持10~15天浅水层，其它时间采用间歇湿润灌溉；抽穗扬花期保持浅水层；灌浆结实期干湿交替，防止断水过早。

（三）病虫草害防治

与其他小苗栽插水稻病虫草害防治的要求基本相同，根据当地植保部门预测和提供的药剂配方，有针对性的防治。

中国小麦品质的区划

中国小麦品质区划方案（试行）

农业部发布《中国小麦品质区划方案》（试行）

农农发〔2001〕12号

为了科学指导各地调整粮食生产结构，发挥区域资源优势，优化小麦品种品质布局，因地制宜发展优质专用小麦生产，我部组织全国有关单位，在分析各地气象、土壤和小麦品质表现的基础上，借鉴国内外已有成果和经验，拟定了《中国小麦品质区划方案》，并通过了专家审定。现将《中国小麦品质区划方案》（试行）印发你们，请结合本地实际，在工作中参照执行。

二〇〇一年五月二十三日

1. 制定我国小麦品质区划的依据和原则

1.1 生态环境因子对小麦品质的影响

1.1.1 降雨量：包括小麦全生育期和抽穗—成熟期的降雨量，

后者更为重要。总体来讲，较多的降雨对蛋白质含量和硬度有较大的负向影响，收获前后降雨还可能引起穗发芽，导致品质下降。

1.1.2 温度：包括小麦全生育期和抽穗—成熟期的日平均气温，后者对品质的影响更大。气温过高或过低都影响蛋白质的含量和质量。

1.1.3 日照：较充足的光照有利于蛋白质数量和质量的提高。

1.1.4 纬度和海拔：在一定程度上反映了降雨、温度和日照对小麦品质的综合影响。

1.2 土壤类型、质地和肥力水平对小麦品质的影响

在气候因素相似的情况下，土壤类型、质地和肥力水平就成为决定小麦品质的重要因素。

1.3 小麦的消费习惯、市场需求和商品率：面条和馒头是我国小麦消费的主体，因此，从全国来讲，应以生产适合制作面条和馒头的中筋或中强筋小麦为主。但近年来面包和饼干、糕点等食品的消费增长较快，在小麦商品率较高地区应加速发展强筋小麦和弱筋小麦生产。

1.4 小麦品种现状和发展趋势：在相同的条件下，小麦的遗传特性是决定小麦品质优劣的关键因素。目前我国生产的小麦以中弱筋为主，不能满足市场需求，应加速现有优质小麦的合理布局和应用，并根据布局需要加速各类优质专用小麦品种的改良进程。

1.5 面向主产区，注重方案的可操作性

为了使品质区划方案能尽快对农业生产发挥一定的宏观指导作用，品质区划以主产麦区为主，适当兼顾其它地区。考虑到现有资料的局限性，本次品质区划只提出框架性的初步方案，以便今后进一步补充、修正和完善。

2. 小麦品质分类术语说明

2.1 强筋小麦：籽粒硬质，蛋白质含量高，面筋强度强，延伸性好，适于生产面包粉以及搭配生产其它专用粉的小麦。

2.2　中筋小麦：籽粒硬质或半硬质，蛋白质含量和面筋强度中等，延伸性好，适于制做面条或馒头的小麦。

2.3　弱筋小麦：籽粒软质，蛋白质含量低，面筋强度弱，延伸性较好，适于制做饼干、糕点的小麦。

3. 小麦品质区划方案

3.1　北方强筋、中筋冬麦区

该区主要包括北京、天津、山东、河北、河南、山西、陕西大部、甘肃东部以及江苏、安徽北部，适宜于发展白粒强筋和中筋小麦。本区可划分为以下3个亚区：

3.1.1　华北北部强筋麦区：主要包括北京、天津、山西中部、河北中部、东北部地区。该区年降雨量400～600mm，土壤多为褐土及褐土化潮土，质地砂壤至中壤，土壤有机质含量1～2%，适宜发展强筋小麦。

3.1.2　黄淮北部强筋、中筋麦区：主要包括河北南部、河南北部和山东中、北部、山西南部、陕西北部和甘肃东部等地区。该区年降雨量400～800mm，土壤以潮土、褐土和黄绵土为主，质地砂壤至粘壤，土壤有机质含量0.5～1.5%。土层深厚、土壤肥沃的地区适宜发展强筋小麦，其它地区如胶东半岛等适宜发展中筋小麦。

3.1.3　黄淮南部中筋麦区：主要包括河南中部、山东南部、江苏和安徽北部、陕西关中、甘肃天水等地区。该区年降雨600～900mm，土壤以潮土为主，部分为砂姜黑土，质地砂壤至重壤，土壤有机质含量1～1.5%。该区以发展中筋小麦为主；肥力较高的砂姜黑土和潮土地带可发展强筋小麦；沿河冲积砂壤土地区可发展白粒弱筋小麦。

3.2　南方中筋、弱筋冬麦区

主要包括四川、云南、贵州和河南南部、江苏、安徽淮河以南、湖北等地区。该区湿度较大，小麦成熟期间常有阴雨，适宜发展红粒小麦。本区域可划分为以下3个亚区：

3.2.1 长江中下游中筋、弱筋麦区：包括江苏、安徽两省淮河以南、湖北大部以及河南省南部地区。该区年降雨800~1400mm，小麦灌浆期间降雨量偏多，湿害较重，穗发芽时有发生。土壤多为水稻土和黄棕壤，质地以粘壤土为主，土壤有机质含量1%左右。本区大部地区适宜发展中筋小麦，沿江及沿海砂土地区可发展弱筋小麦。

3.2.2 四川盆地中筋、弱筋麦区：包括盆西平原和丘陵山地。该区年降雨量约1100mm，湿度较大，光照不足，昼夜温差较小。土壤主要为紫色土和黄壤土，紫色土以砂质粘壤土为主，有机质含量1.1%左右；黄壤土质地粘重，有机质含量<1%。盆西平原区土壤肥沃，单产水平较高；丘陵山地土层较薄，肥力不足，小麦商品率较低。该区大部分适宜发展中筋小麦，部分地区也可发展弱筋小麦。

3.2.3 云贵高原麦区：包括四川省西南部、贵州全省以及云南省大部地区。该区海拔相对较高，年降雨800~1000mm。土壤主要是黄壤和红壤，质地多为壤质粘土和粘土，土壤有机质含量1~3%，总体上适于发展中筋小麦。其中贵州省小麦生长期间湿度较大，光照不足，土层薄，肥力差，可适当发展一些弱筋小麦；云南省小麦生长后期雨水较少，光照强度较大，应以发展中筋小麦为主，也可发展弱筋或部分强筋小麦。

3.3 中筋、强筋春麦区

该区主要包括黑龙江、辽宁、吉林、内蒙古、宁夏、甘肃、青海、新疆和西藏等地区。除河西走廊和新疆可适宜发展白粒、强筋小麦和中筋小麦外，其它地区小麦收获期前后降雨较多，常有穗发芽现象发生，适宜发展红粒中筋和强筋小麦。该区可划分为以下4个亚区：

3.3.1 东北强筋春麦区：主要包括黑龙江北部、东部和内蒙古大兴安岭等地区。该区光照时间长,昼夜温差大,年降雨450~600mm。土壤主要有暗棕壤、黑土和草甸土,质地为砂质壤土至粘壤,土壤有机质含量1~6%。该区土壤肥沃,有利于蛋白质积累,但在小麦收获期前后降雨较多,易造成穗发芽和赤霉病发生,常影响小麦品质,适宜于发展红粒强筋或中强筋小麦。

3.3.2 北部中筋春麦区:主要包括内蒙古东部、辽河平原、吉林省西北部和河北、山西、陕西等春麦区。除河套平原和川滩地外,年降雨250~480mm。以栗钙土和褐土为主,土壤有机质含量较低,小麦收获期前后常遇高温或多雨天气,适宜发展红粒中筋小麦。

3.3.3 西北强筋、中筋春麦区:主要包括甘肃中西部、宁夏全部以及新疆麦区。河西走廊干旱少雨,年降雨50~250mm。土壤以灰钙土为主,质地以粘壤土和壤土为主,土壤有机质含量0.5~2%。该区日照充足,昼夜温差大,收获期降雨频率低,灌溉条件较好,单产水平高,适宜发展白粒强筋小麦;银宁灌区土地肥沃,年降水350~450mm,但小麦生育后期高温和降雨对品质形成不利,适宜发展红粒中筋小麦;陇中和宁夏西海固地区,土地贫瘠,以黄绵土为主,土壤有机质含量0.5~1%,年降水量400mm左右。该区降水分布不均,产量水平和商品率较低,适于发展红粒中筋小麦;新疆麦区光照充足,年降水150mm左右。土壤主要为棕钙土,质地为砂质砂土到砂质壤粘土,土壤有机质含量1%。该区昼夜温差较大,在肥力较高地区适宜发展强筋白粒小麦,其它地区可发展中筋白粒小麦。

3.3.4 青藏高原春麦区:该区海拔高,光照足,昼夜温差大,空气湿度小,小麦灌浆期长,产量水平较高。通过品种改良,适宜发展红粒中筋小麦。

玉米生产管理

玉米生产机械化技术指导意见

农业部办公厅
关于印发玉米生产机械化技术指导意见的通知
农办机〔2011〕62号

玉米是我国种植面积第一大粮食作物。发展玉米生产机械化是实现玉米增产的重要措施，对保证粮食安全、促进农业稳定发展和农民持续增收具有十分重要的意义。为贯彻落实《国务院关于促进农业机械化和农机工业又好又快发展的意见》，加快推进玉米收获机械化，实现玉米生产全程机械化，建设现代农业，我部组织有关专家研究提出了玉米生产机械化技术指导意见，现予以印发。

请各地在技术指导意见的基础上，结合本地实际，细化技术内容，加强宣传、培训和指导，积极推进玉米生产全程标准化。要加强农机与农艺技术融合，积极开展玉米生产机械化试验示范，以地域性种植行距统一为重点逐步规范玉米种植，探索全程机械化的合理生产模式，完善适宜本地区的玉米生产机械化技术体系和操作规范，为实现玉米生产全程机械化创造条件。

二〇一一年十一月十四日

一、播前准备

（一）品种选择

东北与西北地区的春玉米为一年一熟制，秋季降温快，其中东北春玉米以雨养为主，西北地区光热资源丰富，干旱少雨，以灌溉为主。宜选择耐苗期低温、抗干旱、抗倒伏、熟期适宜、籽粒灌浆后期脱水快的中早熟耐密植玉米品种。黄淮海地区和西北一年两熟区主要以小麦、玉米轮作为主，考虑到为下茬冬小麦留足生育期，宜选择生育期较短、苞叶松散、抗虫、高抗倒伏的耐密植玉米品种。西南及南方玉米区以丘陵、山地为主，种植方式复杂多样，种植制度有一年一熟和一年多熟，间套作复种是玉米种植的主要特点，可根据不同地域的特点，选择相应的多抗、高产玉米品种。

（二）种子处理

精量播种地区，必须选用高质量的种子并进行精选处理，要求处理后的种子纯度达到96%以上，净度达98%以上，发芽率达95%以上。有条件的地区可进行等离子体或磁化处理。播种前，应针对当地各种病虫害实际发生的程度，选择相应防治药剂进行拌种或包衣处理。特别是玉米丝黑穗病、苗枯病等土传病害和地下害虫严重发生的地区，必须在播种前做好病虫害预防处理。

（三）播前整地

东北、西北地区提倡前茬秋收后、土壤冻结前做好播前准备，包括深松、灭茬、旋耕、耙地、施基肥等作业，有条件的地区应采用多功能联合作业机具进行作业，大力提倡和推广保护性耕作技术。深松作业的深度以打破犁底层为原则，一般为30~40cm；深松作业时间应根据当地降雨时空分布特点选择，以便更多地纳蓄自然降水；建议每隔2~4年进行一次。当地表紧实或明草较旺时，可利用圆盘耙、旋耕机等机具实施浅耙或浅旋，表土处理不超过8cm。实施保护性耕作的区域，应按照保护性耕作技术要点和操作规程进行作业。

黄淮海地区小麦收获时，采用带秸秆粉碎的联合收获机，留茬高度低于20cm，秸秆粉碎后均匀抛撒，然后直接免耕播种玉米，一般不需进行整地作业。

西南和南方玉米产区，在播前可进行旋耕作业。丘陵山地可采用小型微耕机具作业，平坝地区和缓坡耕地可采用中小型机具作业。对于粘重土壤，可根据需要实施深松作业。

二、播种

适时播种是保证出苗整齐度的重要措施，当地温在8~12℃，土壤含水量14%左右时，即可进行播种。合理的种植密度是提高单位面积产量的主要因素之一，各地应按照当地的玉米品种特性，选定合适的播量，保证亩株数符合农艺要求。应尽量采用机械化精量播种技术，作业要求是：单粒率≥85%，空穴率<5%，伤种率≤1.5%；播深或覆土深度一般为4~5cm，误差不大于1cm；株距合格率≥80%；种肥应施在种子下方或侧下方，与种子相隔5cm以上，且肥条均匀连续；苗带直线性好，种子左右偏差不大于4cm，以便于田间管理。

东北地区垄作种植行距采用60cm或65cm等行距，并逐步向60cm等行距平作种植方式发展；黄淮海地区采用60cm等行距种植方式，前茬小麦种植时应考虑对应玉米种植行距的需求，尽量不采用套种方式；西部采用宽窄行覆膜种植的地区，也应尽量统一宽窄行距。西南和南方种植区，结合当地实际，合理确定相对稳定、适宜机械作业的种植行距和种植模式，选择与之配套的中小型精量播种机具进行播种。

三、田间管理

(一) 中耕施肥

根据测土配方施肥技术成果,按各地目标产量、施肥方式及追肥用量,在玉米拔节或小喇叭口期,采用高地隙中耕施肥机具或轻小型田间管理机械,进行中耕追肥机械化作业,一次完成开沟、施肥、培土、镇压等工序。追肥机各排肥口施肥量应调整一致。追肥机具应具有良好的行间通过性能,追肥作业应无明显伤根,伤苗率<3%,追肥深度6~10cm,追肥部位在植株行侧10~20cm,肥带宽度>3cm,无明显断条,施肥后覆土严密。

(二) 植保

根据当地玉米病虫草害的发生规律,按植保要求采取综合防治措施,合理选用药剂及用量,按照机械化高效植保技术操作规程进行防治作业。苗前喷施除草剂应在土壤湿度较大时进行,均匀喷洒,在地表形成一层药膜;苗后喷施除草剂在玉米3~5叶期进行,要求在行间近地面喷施,以减少药剂漂移。玉米生育中后期喷药防治病虫害时,应采用高地隙喷药机械进行机械化植保作业,有条件的地方要积极推广农业航化作业技术,要提高喷施药剂的精准性和利用率,严防人畜中毒、作物药害和农产品农药残留超标。

(三) 节水灌溉

有条件的地区,应采用滴灌、喷灌等先进的节水灌溉技术和装备,按玉米需水要求进行节水灌溉。

四、收获

各地应根据玉米成熟度适时进行收获作业,根据地块大小和种植行距及作业要求选择合适的联合收获机、青贮饲料收获机型。玉米收获机行距应与玉米种植行距相适应,行距偏差不宜超过5cm。使用机械化收获的玉米,植株倒伏率应<5%,否则会影响作业效

率，加大收获损失。作业质量要求：玉米果穗收获，籽粒损失率≤2%，果穗损失率≤3%，籽粒破碎率≤1%，果穗含杂率≤5%，苞叶未剥净率<15%；玉米脱粒联合收获，玉米籽粒含水率≤23%；玉米青贮收获，秸秆含水量≥65%，秸秆切碎长度≤3cm，切碎合格率≥85%，割茬高度≤15cm，收割损失率≤5%。玉米秸秆还田按《秸秆还田机械化技术》要求执行。

大豆生产管理

农业部关于促进大豆生产发展的指导意见

农农发〔2016〕2号

各省、自治区、直辖市农业（农牧、农村经济）、农机、畜牧、农垦局（厅、委），新疆生产建设兵团农业局：

我国是大豆的原产地，种植和消费历史悠久。近年来，受比较效益下降、进口冲击等影响，大豆生产出现下滑，产需缺口扩大。为贯彻落实中央推进农业供给侧结构性改革的部署和要求，围绕"提质增效转方式、稳粮增收可持续"的工作主线，着力调整优化种植结构，积极发展大豆生产，提升大豆生产质量效益和竞争力，现提出如下意见。

一、充分认识促进大豆生产发展的重要性和紧迫性

大豆是优质的植物蛋白资源，也是健康的食用植物油源。适应消费结构升级和促进农业可持续发展的要求，不能轻言放弃大豆，保持国内一定规模的大豆生产是必要的。

（一）促进大豆生产发展是满足国内食用消费的需要。目前，我国正处在消费结构升级的重要阶段，居民改善食物营养结构的愿

望迫切,对高蛋白食品需求增加。大豆是植物蛋白的重要来源,每100克大豆含蛋白质40克左右,是小麦的3.6倍、玉米的4.2倍、大米的5倍,是牛肉的2倍、猪肉的3倍,素有"田中之肉、营养之王"的美誉。大豆还含有异黄酮、卵磷脂、皂苷、可溶性纤维等,具有重要的保健功能。专家分析,进口大豆主要是满足饲用豆粕需要,也弥补食用植物油的缺口。国产大豆仍是食用大豆的主体,其中80%多加工成豆制品、调味品。应当保持国内大豆生产的稳定,满足居民对植物蛋白的需求。

(二)促进大豆生产发展是实现用地养地结合的需要。当前,我国农业生态环境不堪重负,转变发展方式任务异常艰巨。推进农业结构调整、建立合理轮作制度,能够减少化肥、农药的投入,缓解环境压力。大豆是豆科作物,具有根瘤共生固氮作用。田间试验测定,1亩大豆可固氮8公斤左右,相当于施用18公斤尿素。大豆成熟后,秸秆少、落叶多,养分归还率高,起到培肥地力的作用。大豆根系发达,能分泌大量有机酸,可溶解土壤中难溶的磷、钾等养分,利于下茬作物吸收。这些年,黑龙江、内蒙古的第四、五积温带连续多年调减大豆改种玉米,造成连作障碍,土壤养分失衡、病虫加重。保持大豆生产稳定发展,推行大豆与玉米轮作倒茬,做到用地养地结合,可实现资源节约、永续发展。

(三)促进大豆生产发展是优化调整种植结构的需要。当前,农业主要矛盾由总量不足转变为结构性矛盾,主要表现为阶段性的供过于求和供给不足并存,突出表现为粮食库存过大,特别是玉米积压较多,大豆严重短缺。推进农业供给侧结构性改革,重点是调整优化玉米结构,巩固提升优势区产能,适当调减东北冷凉区、北方农牧交错区、西北风沙干旱区和西南石漠化区等"镰刀弯"地区的非优势区玉米面积,改种大豆、杂粮杂豆、青贮玉米、马铃薯等作物,既能化解玉米过剩库存,又增加产需缺口较大的大豆供应。

(四)促进大豆生产发展是保护种质资源和传统产区农民利益

的需要。我国大豆种质资源丰富，在国家基因库中现保存2.3万多份栽培品种、1万多份野生大豆资源，占世界大豆种质资源的80%以上。可在开发中利用，在利用中保护。同时，大豆适宜区特别是东北冷凉区几百万农民的生计主要靠种植大豆，事关同步实现小康社会目标。

二、进一步明确大豆生产发展的思路原则和目标任务

综合考虑资源禀赋、区位优势、市场需求等因素，科学确定大豆生产发展的思路原则和目标任务，促进大豆生产稳定发展。

（一）总体思路。全面贯彻党的十八大和十八届三中、四中、五中全会精神，深入贯彻习近平总书记系列重要讲话精神，以发展新理念为统领，实施新形势下国家粮食安全战略和藏粮于地、藏粮于技战略，以满足国内食用大豆需求、构建合理轮作制度为目标，坚持市场导向，强化政策扶持，推进科技创新，转变发展方式，促进大豆生产稳定发展，形成国产大豆与进口大豆错位竞争、相互补充的格局，探索产出高效、产品安全、资源节约、环境友好的现代农业发展之路。

（二）基本原则。一是统筹资源与布局。根据不同区域的资源禀赋、耕作方式，优化调整生产布局。调减东北第四、五积温带玉米面积，扩大大豆种植，推行大豆与玉米、马铃薯、小麦等合理轮作。二是统筹生产与消费。以市场需求为导向，重点发展高蛋白大豆，满足食用大豆消费需求，保持东北优势区油用大豆生产能力。三是统筹科研与生产。着眼生产发展需要，加强优质、专用、耐密、高产、多抗、宜机收的突破性品种及配套绿色高产高效技术模式研究，挖掘增产潜力，降低生产成本，提高种植效益。四是统筹政府与市场。发挥政府在市场调节中的重要作用，加强信息引导，完善扶持政策，强化市场调控，实现供需平衡。五是统筹国内与国际。利用好两个市场、两种资源，实施差异化发展战略，合理布局国际产能，保证国内市场稳定供应。

（三）目标任务。一是扩大面积。力争到2020年大豆面积达到1.4亿亩，比2015年增加4000万亩。二是提高单产。力争到2020年大豆平均亩产达到135公斤，比2015年提高15公斤。三是提高品质。力争到2020年食用大豆蛋白质含量提高2个百分点，榨油大豆含油率提高1个百分点。四是提高效益。通过加快科技创新、经营体制创新、加大政策扶持，实现增产增效、节本增效、提质增效。

三、切实抓好大豆生产发展各项政策措施落实

促进大豆生产发展是推进农业供给侧结构性改革的重要任务。各级农业部门要着眼全局，聚焦重点发力，狠抓措施落实，全力促进大豆生产稳定发展。

（一）调整优化区域布局。实施《全国种植业结构调整规划》，完善《大豆优势区域布局规划》，引导资金、技术、人才向优势区域集中。东北春大豆和黄淮海夏大豆优势产区，要调整优化结构，因地制宜调减玉米，扩种大豆。"镰刀弯"地区调减非优势区玉米种植，推行玉米与大豆轮作，扩大大豆种植面积，构建合理轮作体系。

（二）大力推进科技创新。加大对大豆科技创新的投入，加快选育突破性品种。组织开展协作攻关，集中力量攻克技术瓶颈，集成组装高产高效、资源节约、生态环保的技术模式，推进大豆生产全程机械化。在东北、黄淮海地区选择一批县，开展绿色高产高效创建试点，创建一批亩产200公斤以上的典型。

（三）强化大豆政策扶持。在总结大豆目标价格改革试点经验的基础上，统筹考虑保护农民利益、与玉米收储制度改革衔接等，完善大豆目标价格政策，合理确定目标价格，提高政策的科学性和精准性。提早公布年度目标价格水平，稳定收益预期，引导农民科学安排生产。开展耕地轮作制度试点，支持东北冷凉区和农牧交错区推行玉米大豆轮作，探索建立用地养地结合的轮作制度。

（四）建立优质大豆保护区。根据资源禀赋、区位优势、产业基础，加快建立东北优质大豆保护区。保护种质资源，开展资源调查搜集与开发利用，实施野生大豆原生境保护。保护生产能力，加强农田基础设施建设，改善生产条件，巩固提升产能。保护生产主体，落实扶持政策，培育大豆生产新型经营主体，完善社会化服务，提高规模种植效益。

（五）加强大豆市场调控。加强分析预警，建立大豆供需信息发布机制。健全大豆进口信息发布制度，引导市场投资预期。强化进口大豆监管，严格执行检验检疫标准。把握大豆进口的时机、节奏，稳定国内大豆价格。

（六）科学引导健康消费。采取多种形式引导市场消费行为，提倡健康生活方式，鼓励居民合理食油、用油，厉行节约，杜绝浪费。广泛宣传大豆食品的营养功效和保健功能，扩大国内优质大豆消费市场，为促进大豆生产发展营造良好环境。

农业部
2016 年 4 月 5 日

大豆机械化生产技术指导意见

农业部办公厅关于印发大豆机械化生产技术指导意见的通知

农办机〔2014〕30号

各省、自治区、直辖市及计划单列市农机（农业、农牧）局（厅、委、办），新疆生产建设兵团农业局，黑龙江省农垦总局，其它有关单位：

　　加强农机农艺融合，提升大豆机械化水平，促进大豆标准化和集约化生产，提高大豆生产的经济效益和农民种植积极性，我部组织有关专家研究提出了大豆机械化生产技术指导意见（以下简称"技术指导意见"），现予以印发。

　　请各地在技术指导意见的基础上，结合本地实际，细化技术内容，完善本地区的大豆机械化生产技术体系和作业规范，不断提升技术装备水平，推动大豆产业健康发展。

农业部办公厅
2014年11月24日

　　本指导意见针对黄淮海和东北地区大豆机械化生产制定，也可以供西北大豆产区参考。

　　在大豆规模化生产区域内，提倡标准化生产，品种类型、农艺措施、耕作模式、作业工艺、机具选型配套等应尽量相互适应、科学规范，并考虑与相关作业环节及前后茬作物匹配。

　　随着窄行密植技术及其衍生的大垄密、小垄密和平作窄行密植技术的研究与推广，大豆种植机械化技术日臻成熟。各地应根据本指导意见，研究组装和完善本区域的大豆高产、高效、优质、安全的机械化生产技术,加快大豆标准化、集约化和机械化生产发展。

一、播前准备

(一)品种选择及其处理

1. 品种选择。按当地生态类型及市场需求,因地制宜地选择通过审定的耐密、秆强、抗倒、丰产性突出的主导品种,品种熟期要严格按照品种区域布局规划要求选择,杜绝跨区种植。

2. 种子精选。应用清选机精选种子,要求纯度≥99%,净度≥98%,发芽率≥95%,水分≤13.5%,粒型均匀一致。

3. 种子处理。应用包衣机将精选后的种子和种衣剂拌种包衣。在低温干旱情况下,种子在土壤中时间长,易遭受病虫害,可用大豆种衣剂按药种比1∶75~100防治。防治大豆根腐病可用种子量0.5%的50%多福合剂或种子量0.3%的50%多菌灵拌种。虫害严重的地块要选用既含杀菌剂又含杀虫剂的包衣种子;未经包衣的种子,需用35%甲基硫环磷乳油拌种,以防治地下害虫,拌种剂可添加钼酸铵,以提高固氮能力和出苗率。

(二)整地与轮作

1. 轮作。尽可能实行合理的轮作制度,做到不重茬、不迎茬。实施"玉米—玉米—大豆"和"麦—杂—豆"等轮作方式。

2. 整地。大豆是深根系作物,并有根瘤菌共生。要求耕层有机质丰富,活土层深厚,土壤容重较低及保水保肥性能良好。适宜作业的土壤含水率15%~25%。

(1)保护性耕作。实行保护性耕作的地块,如田间秸秆(经联合收割机粉碎)覆盖状况或地表平整度影响免耕播种作业质量,应进行秸秆匀撒处理或地表平整,保证播种质量。可应用联合整地机、齿杆式深松机或全方位深松机等进行深松整地作业。提倡以间隔深松为特征的深松耕法,构造"虚实并存"的耕层结构。间隔3~4年深松整地1次,以打破犁底层为目的,深度一般为35~40cm,稳定性≥80%,土壤膨松度≥40%,深松后应及时合墒,必要时镇压。对于田间水分较大、不宜实行保护性耕作的地区,需进行耕翻整地。

(2) 东北地区。对上茬作物(玉米、高粱等)根茬较硬,没有实行保护性耕作的地区,提倡采取以深松为主的松旋翻耙,深浅交替整地方法。可采用螺旋型犁、熟地型犁、复式犁、心土混层犁、联合整地机、齿杆式深松机或全方位深松机等进行整地作业。①深松。间隔3~4年深松整地1次,深松后应及时合墒,必要时镇压。②整地。平播大豆尽量进行秋整地,深度20~25cm,翻耙耢结合,无大土块和暗坷垃,达到播种状态;无法进行秋整地而进行春整地时,应在土壤"返浆"前进行,深度15cm为宜,做到翻、耙、耢、压连续作业,达到平播密植或带状栽培要求状态。③垄作。整地与起垄应连续作业,垄向要直,100米垄长直线度误差不大于2.5cm(带GPS作业)或100米垄长直线度误差不大于5cm(无GPS作业);垄体宽度按农艺要求形成标准垄形,垄距误差不超过2cm;起垄工作幅误差不超过5cm,垄体一致,深度均匀,各铧入土深度误差不超过2cm;垄高一致,垄体压实后,垄高不小于16cm(大垄高不小于20cm),各垄高度误差应不超过2cm;垄形整齐,不起堡块,无凹心垄,原垄深松起垄时应包严残茬和肥料;地头整齐,垄到地边,地头误差小于10cm。

(3) 黄淮海地区。前茬一般为冬小麦,具备较好的整地基础。没有实行保护性耕作的地区,一般先撒施底肥,随即用圆盘耙灭茬2~3遍,耙深15~20cm,然后用轻型钉齿耙浅耙一遍,耙细耙平,保障播种质量;实行保护性耕作的地区,也可无需整地,待墒情适宜时直接播种。

二、播种

(一) 适期播种

东北地区要抓住地温早春回升的有利时机,耕层地温稳定通过5℃时,利用早春"返浆水"抢墒播种。

黄淮海地域要抓住麦收后土壤墒情较好的有利时机,抢墒早播。

在播种适期内，要根据品种类型、土壤墒情等条件确定具体播期。中晚熟品种应适当早播，以便保证霜前成熟；早熟品种应适当晚播，使其发棵壮苗；土壤墒情较差的地块，应当抢墒早播，播后及时镇压；土壤墒情好的地块，应根据大豆栽培的地理位置、气候条件、栽培制度及大豆生态类型具体分析，选定最佳播期。

（二）种植密度

播种密度依据品种、水肥条件、气候因素和种植方式等来确定。植株高大、分枝多的品种，适于低密度；植株矮小、分枝少的品种，适于较高密度。同一品种，水肥条件较好时，密度宜低些；反之，密度高些。东北地区，一般小垄保苗在2万株/亩为宜；大垄密和平作保苗在2.3~2.4万株/亩为宜。黄淮海地域麦茬地窄行密植平作保苗在2~2.3万株/亩为宜。

（三）播种质量

播种质量是实现大豆一次播种保全苗、高产、稳产、节本、增效的关键和前提。建议采用机械化精量播种技术，一次完成施肥、播种、覆土、镇压等作业环节。

参照中华人民共和国农业行业标准 NY/T 503—2002《中耕作物单粒（精密）播种机作业质量标准》，以覆土镇压后计算，黑土区播种深度3~5cm，白浆土及盐碱土区播种深度3~4cm，风沙土区播种深度5~6cm，确保种子播在湿土上。播种深度合格率≥75.0%，株距合格指数≥60.0%，重播指数≤30.0%，漏播指数≤15.0%，变异系数≤40.0%，机械破损率≤1.5%，各行施肥量偏差≤5%，行距一致性合格率≥90%，邻接行距合格率≥90%，垄上播种相对垄顶中心偏差≤3cm，播行50米直线性偏差≤5cm，地头重（漏）播宽度≤5cm，播后地表平整、镇压连续，晾籽率≤2%；地头无漏种、堆种现象，出苗率≥95%。实行保护性耕作的地块，播种时应避免播种带土壤与秸秆根茬混杂，确保种子与土壤接触良好。调整播量时，应考虑药剂拌种使种子质量增加的因素。

播种机在播种时，结合播种施种肥于种侧3~5cm、种下5~8cm处。施肥深度合格指数≥75%，种肥间距合格指数≥80%，地头无漏肥、堆肥现象，切忌种肥同位。

随播种施肥随镇压，做到覆土严密，镇压适度（3~5kg/cm2），无漏无重，抗旱保墒。

（四）播种机具选用

根据当地农机装备市场实际情况和农艺技术要求，选用带有施肥、精量播种、覆土镇压等装置和种肥检测系统的多功能精少量播种机具，一次性完成播种、施肥、镇压等复式作业。夏播大豆可采用全秸秆覆盖少免耕精量播种机，少免耕播种机应具有较强的秸秆根茬防堵和种床整备功能，机具以不发生轻微堵塞为合格。一般施肥装置的排肥能力应达到90公斤/亩以上，夏播大豆用机的排肥能力达到60公斤/亩以上即可。提倡选用具有种床整备防堵、侧深施肥、精量播种、覆土镇压、喷施封闭除草剂、秸秆均匀覆盖和种肥检测功能的多功能精少量播种机具。

三、田间管理

（一）施肥

残茬全部还田，基肥、种肥和微肥接力施肥，防止大豆后期脱肥，种肥增氮、保磷、补钾三要素合理配比；夏大豆根据具体情况，种肥和微肥接力施肥。提倡测土配方施肥和机械深施。

1. 底肥。生产AA级绿色大豆地块，施用绿色有机专用肥；生产A级优质大豆，施优质农家肥1500~2000公斤/亩，结合整地一次施入；一般大豆需施尿素4公斤/亩、二铵7公斤/亩、钾肥7公斤/亩左右，结合耕整地，采用整地机具深施于12~14厘米处。

2. 种肥。根据土壤有机质、速效养分含量、施肥实验测定结果、肥料供应水平、品种和前茬情况及栽培模式，确定各地区具体施肥量。在没有进行测土配方平衡施肥的地块，一般氮、磷、钾纯养分按1∶1.5∶1.2比例配用，肥料商品量种肥每亩尿素3公斤、二铵4.5千克、钾肥4.5公斤左右。

3. 追肥。根据大豆需肥规律和长势情况，动态调剂肥料比例，追施适量营养元素。当氮、磷肥充足条件下应注意增加钾肥的用量。在花期喷施叶面肥。一般喷施两次，第一次在大豆初花期，第二次在结荚初期，可用尿素加磷酸二氢钾喷施，用量一般每公顷用尿素7.5~15公斤加磷酸二氢钾2.5~4.5公斤兑水750公斤。中小面积地块尽量选用喷雾质量和防漂移性能好的喷雾机（器），使大豆叶片上下都有肥；大面积作业，推荐采用飞机航化作业方式。

（二）中耕除草

1. 中耕培土。垄作春大豆产区，一般中耕3~4次。在第一片复叶展开时，进行第一次中耕，耕深15~18cm，或于垄沟深松18~20cm，要求垄沟和垄帮有较厚的活土层；在株高25~30cm时，进行第二次中耕，耕深8~12cm，中耕机需高速作业，提高拥土挤压苗间草效果；封垄前进行第三次中耕，耕深15~18cm。次数和时间不固定，根据苗情、草情和天气等条件灵活掌握，低洼地应注意培高垄，以利于排涝。

平作密植春大豆和夏大豆少免耕产区，建议中耕1~3次。以行间深松为主，深度分别为18~20cm、第2、3次为8~12cm，松土灭草。

推荐选用带有施肥装置的中耕机，结合中耕完成追肥作业。

2. 除草。采用机械、化学综合灭草原则，以播前土壤处理和播后苗前土壤处理为主，苗后处理为辅。

（1）机械除草。①封闭除草，在播种前用中耕机安装大鸭掌齿，配齐翼型齿，进行全面封闭浅耕除草。②耙地除草，即用轻型或中型钉齿耙进行苗前耙地除草，或者在发生严重草荒时，不得已进行苗后耙地除草。③苗间除草，在大豆苗期（一对真叶展开至第三复叶展开，即株高10~15cm时），采用中耕苗间除草机，边中耕边除草，锄齿入土深度2~4cm。

（2）化学除草。根据当地草情，选择最佳药剂配方，重点选择杀草谱宽、持效期适中、无残效、对后茬作物无影响的除草剂，应用雾滴直径250~400微米的机动喷雾机、背负式喷雾机、电动喷雾机、农业航空植保等机械实施化学除草作业，作业机具要满足压力、稳定性和安全施药技术规范等方面的要求。

（三）病虫害防治

采用种子包衣方法防治根腐病、胞囊线虫病和根蛆等地下病虫害，各地可根据病虫害种类选择不同的种衣剂拌种，防治地下病虫害与蓟马、跳甲等早期虫害。建议各地实施科学合理的轮作方法，从源头预防病虫害的发生。根据苗期病虫害发生情况选用适宜的药剂及用量，采用喷杆式喷雾机等植保机械，按照机械化植保技术操作规程进行防治作业。大豆生长中后期病虫害的防治，应根据植保部门的预测和预报，选择适宜的药剂，遵循安全施药技术规范要求，依据具体条件采用机动喷雾机、背负式喷雾喷粉机、电动喷雾机和农业航空植保等机具和设备，按照机械化植保技术操作规程进行防治作业。各地应加强植保机械化作业技术指导与服务，做到均匀喷洒、不漏喷、不重喷、无滴漏、低漂移，以防出现药害。

（四）化学调控

高肥地块大豆窄行密植由于群体大，大豆植株生长旺盛，要在初花期选用多效唑、三碘苯甲酸等化控剂进行调控，控制大豆徒长，防止后期倒伏；低肥力地块可在盛花、鼓粒期叶面喷施少量尿素、磷酸二氢钾和硼、锌微肥等，防止后期脱肥早衰。根据化控剂技术要求选用适宜的植保机械设备，按照机械化植保技术操作规程进行化控作业。

（五）排灌

根据气候与土壤墒情，播前抗涝、抗旱应结合整地进行，确保播种和出苗质量。生育期间干旱无雨，应及时灌溉；雨水较多、田间积水，应及时排水防涝；开花结荚、鼓粒期，适时适量灌溉，协调大豆水分需求，提高大豆品质和产量。提倡采用低压喷灌、微喷灌等节水灌溉技术。

四、收获

大豆机械化收获的时间要求严格，适宜收获期因收获方法不同而异。用联合收割机直接收割方式的最佳时期在完熟初期，此时大豆叶片全部脱落，植株呈现原有品种色泽，籽粒含水量降为18%以下；分段收获方式的最佳收获期为黄熟期，此时叶片脱落70%~80%，籽粒开始变黄，少部分豆荚变成原色，个别仍呈现青绿色。采用"深、窄、密"种植方式的地块，适宜采用直接收割方式收获。

大豆直接收获可用大豆联合收割机，也可借用小麦联合收割机。由于小麦联合收割机型号较多，各地可根据实际情况选用，但必须用大豆收获专用割台。一般滚筒转速为500~700转/分，应根据植株含水量、喂入量、破碎率、脱净率情况，调整滚筒转速。

分段收获采用割晒机割倒铺放，待晾干后，用安装拾禾器的联合收割机拾禾脱粒。割倒铺放的大豆植株应与机组前进方向呈30°角，并铺放在垄台上，豆枝与豆枝相互搭接。

收获时要求割茬不留底荚，不丢枝，田间损失≤3%，收割综合损失≤1.5%，破碎率≤3%，泥花脸≤5%。

五、注意事项

1. 驾驶、操作人员应取得农机监理部门颁发的驾驶证，加强驾驶操作人员的技术岗位培训，不断提高专业知识和技能水平。严禁驾驶、操作人员工作期间饮酒。

2. 驾驶操作前必须检查保证机具、设备技术状态的完好性，保证安全信号、旋转部件、防护装置和安全警示标志齐全，定期、规范实施维护保养。

3. 机具作业后要妥善处理残留药液、肥料，彻底清洗容器，防止污染环境。

4. 驾驶操作前必须认真阅读随机附带说明书。

棉花生产管理

全国棉花高产创建万亩示范片测产验收办法（试行）

农业部办公厅
关于印发《全国棉花高产创建示范片测产验收办法》的通知
农办农〔2010〕82号

有关省、自治区、直辖市农业（农牧）厅（委、局），新疆生产建设兵团农业局：

  为规范棉花高产创建的测产验收，根据去年测产的实际情况，我部组织专家研究修定了《全国棉花高产创建测产验收办法》。现印发给你们，请结合当地实际，制定本省（区、市）棉花高产创建示范片测产验收工作方案，认真组织完成今年棉花高产创建万亩示范片测产验收工作，并将测产验收结果按程序报我部种植业管理司。

  联系人：龙熹，电话：010-59192811，传真：010-59192856，电子信箱：zzyjzc@agri.gov.cn。

二〇一〇年七月十六日

第一章 总 则

第一条 为了规范棉花高产创建万亩示范片测产程序、测产方法和信息发布工作，推动高产创建活动健康发展，特制定本办法。

第二条 本办法适用于全国棉花高产创建万亩示范片测产验收工作。

第二章 指导思想和工作原则

第三条 按照科学、规范、公开、公正、公平的要求，突出标准化和可操作性，遵循县级自测、省级复测、部级抽测的程序，统一标准，逐级把关，确保棉花高产创建万亩示范片测产验收顺利开展。

第四条 高产创建万亩示范片测产验收遵循以下原则：

（一）省级负责。省级农业行政主管部门统一组织测产验收工作，在县级自测基础上，省级复测并对测产结果负责。

（二）科学选点。选择万亩示范片内有代表性的地块和样点进行测产，确保选点科学有效。

（三）测产与实收相结合。以测产为主，实收做印证，统一标准，规范运作。

第三章 测产程序

第五条 高产创建示范片所在县根据本省方案要求进行自测，将测产结果及时上报省级农业行政主管部门。同时报送万亩示范片基本情况，包括：（1）示范片所在乡（镇）、村、组、农户及村组分布简图；（2）高产创建示范片技术实施方案；（3）高产创建示范片工作总结。

第六条 省级农业行政主管部门对县级自测结果进行复测，并保存测产资料备验。要求长江流域棉区9月10~15日、黄河流域棉区9月10~15日、西北内陆棉区9月5~10日完成复测。复测结束后9月20日前将结果报送农业部，同时推荐1~3个示范片申请部级抽测验收。

第七条 农业部组织专家对各省（区、市）推荐的示范片进行抽测，并委托有关检测机构对其纤维品质进行检测。

第八条 农业部组织专家对各省（区、市）高产创建示范片测产验收结果进行最终评估认定，并统一对外发布。

第四章 专家组成和测产步骤

第十条 部、省分别成立测产验收专家组。

（一）测产验收专家组由具有副高以上职称的棉花科研、教学、推广的专家组成。

（二）专家组设正副组长各一名，实行组长负责制。

（三）专家组要坚持实事求是、客观公正、科学规范的原则，独立开展测产验收工作。

第十一条 测产步骤

（一）听取高产创建示范片县级农业部门汇报高产创建、测产组织、自测结果等方面情况，查阅有关档案；

（二）制定工作方案，确定取样方法、工作程序和人员分工；

（三）进行实地测产验收，计算结果；

（四）汇总测产结果，进行评估认定，形成测产验收报告。

第五章 测产方法

第十二条 取样步骤和方法

（一）长江流域和黄河流域棉区，每个万亩示范片随机抽取20户的棉田作为样本田。每个样本田抽取3~5个样点，样本田面积大于10亩（含10亩）取5个样点，小于10亩取3个样点。县级自测时，应根据实际情况适当增加样本田数量。

（二）西北内陆棉区每个万亩示范片随机抽取 2 个行政村（连），每个行政村（连）随机抽取 5 块棉田作为样本田，样本田的面积应在 50 亩以上。每个样本田抽取 5 个样点，每个样点面积为 6.67 平方米。

（三）3 点取样采用对角线法，5 点取样采用梅花形法。

第十三条 调查测定方法

（一）长江流域和黄河流域棉区

1. 行距测定：每个样点中取 11 行棉花测量行距，计算平均行距，记录表 1。

2. 株距测定：每个样点中随机选取 1 行的 21 株测量株距，计算平均株距，记录表 1。

3. 铃数调查：在株距测定的 21 株中选连续 10 株，调查成铃、幼铃、絮铃，计算成铃数，记录表 1。

4. 棉铃分类标准：直径大于 2 厘米的铃为成铃，直径小于 2 厘米的铃为幼铃，铃壳开裂 3 毫米以上的铃为絮铃，烂铃不计。

（二）西北内陆棉区

1. 行距测定：测定 4~6 个播幅（膜幅）棉花的宽度和行数，计算行距，行距=总宽度/总行数。

2. 样点宽度和长度确定：取一个播幅（膜幅）作为样点宽度，根据公式行长=6.67 米 2/行距，计算测产样点长度，确定样点面积，记录表 1。

3. 株数和铃数调查：在 2 确定的样点中调查计数所有棉花株数和铃数，记录表 1。

4. 棉铃分类标准。直径大于 2 厘米的铃为成铃，直径小于 2 厘米的铃为幼铃，铃壳开裂 3 毫米以上的铃为絮铃，烂铃不计。

第十四条 产量计算方法

（一）铃重（克）：每块样本田随机收取吐絮铃 100 个，晾晒干后称重量，计算平均铃重。铃重（克/铃）= 100 个絮铃籽棉干重（克）/100。记录表 1。

（二）衣分（%）：计量铃重的 100 个絮铃试轧后，计算平均衣分（以皮辊轧花机为准，锯齿轧花机衣分加 2 个百分点）。衣分（%）= 100 个絮铃皮棉重（克）/100 个絮铃籽棉干重（克）× 100。记录表 1。

（三）产量计算：

1. 西北内陆棉区收获密度（株/亩）= 样点实测株数×100

黄河流域和长江流域棉区收获密度（株/亩）= 667 米 2/（平均行距（米）×平均株距（米）），其中，平均行距（米/行）= 11 行距离（米）/10，平均株距（米/株）= 21 株距离（米）/20

2. 平均单株成铃数（个/株）= 成铃数/株数，总成铃数 = 成铃数+絮铃数+1/3 幼铃数

3. 籽棉亩产量（公斤/亩）= 收获密度（株/亩）×平均单株成铃数（个/株）×单铃重（克/铃）/1000×校正系数（85%）

4. 皮棉亩产量（公斤/亩）= 籽棉产量（公斤/亩）×衣分（%）
测产结果记录表 1。

第十五条 各样点内连续选取 10 株有代表性棉花，测定株高、果枝数、果节数、果枝始节等性状。各样点从测试衣分皮棉中，留取 50 克棉样，注明测试样点编号后，供纤维品质检测用。

第六章 附 则

第十六条 测产验收地块不能过早拾花，保证测产验收时测数、取样。

第十七条 测产验收后，被测产地块做好单独实收计量工作，并形成实收产量报告。

第十八条 本办法由农业部种植业管理司负责解释，自发布之日起试行。

转基因棉花种子生产经营许可规定

中华人民共和国农业部公告

第 2436 号

根据《中华人民共和国种子法》《农业转基因生物安全管理条例》和《农作物种子生产经营许可管理办法》规定，我部修订了《转基因棉花种子生产经营许可规定》，现予公布，自 2016 年 10 月 18 日起施行。农业部 2011 年 9 月 6 日发布的《转基因棉花种子生产经营许可规定》（农业部第 1643 号公告）同时废止。

特此公告。

中华人民共和国农业部

2016 年 9 月 18 日

第一条 为加强转基因棉花种子生产经营许可管理，根据《中华人民共和国种子法》《农业转基因生物安全管理条例》《农作物种子生产经营许可管理办法》，制定本规定。

第二条 转基因棉花种子生产经营许可证，由企业所在地省级农业主管部门审核，农业部核发。

第三条 申请领取转基因棉花种子生产经营许可证的企业，应当具备以下条件：

（一）具有办公场所 200 平方米以上，检验室 150 平方米以上，加工厂房 500 平方米以上，仓库 500 平方米以上；

（二）具有转基因棉花自育品种或作为第一选育人的品种 1 个以上，或者合作选育的品种 2 个以上，或者受让品种权的品种 3 个以上；生产经营的品种应当通过审定并取得农业转基因生物安全证书。生产经营授权品种种子的，应当征得品种权人的书面同意；

（三）具有净度分析台、电子秤、样品粉碎机、烘箱、生物显微镜、电子天平、扦样器、分样器、发芽箱、PCR扩增仪及产物检测配套设备、酸度计、高压灭菌锅、磁力搅拌器、恒温水浴锅、高速冷冻离心机、成套移液器等仪器设备，能够开展种子水分、净度、纯度、发芽率四项指标检测及品种分子鉴定；

（四）具有种子加工成套设备，成套设备总加工能力1吨/小时以上，配备棉籽化学脱绒设备；

（五）具有种子生产、加工贮藏和检验专业技术人员各3名以上，农业转基因生物安全管理人员2名以上；

（六）种子生产地点、经营区域在农业转基因生物安全证书批准的区域内；

（七）符合棉花种子生产规程以及转基因棉花种子安全生产要求的隔离和生产条件，生产地点无检疫性有害生物；

（八）有相应的农业转基因生物安全管理、防范措施；

（九）农业部规定的其他条件。

第四条 申请转基因棉花种子生产经营许可证的企业，应当向审核机关提交以下材料：

（一）转基因棉花种子生产经营许可证申请表；

（二）单位性质、股权结构等基本情况，公司章程、营业执照复印件，设立分支机构、委托生产种子、委托代销种子以及以购销方式销售种子等情况说明；

（三）种子生产、加工贮藏、检验技术人员和农业转基因生物安全管理人员的基本情况及其企业缴纳的社保证明复印件，企业法定代表人和高级管理人员名单及其种业从业简历；

（四）种子检验室、加工厂房、仓库和其他设施的自有产权或自有资产证明材料；办公场所自有产权证明复印件或租赁合同；种子检验、加工等设备清单和购置发票复印件；相关设施设备的情况说明及实景照片；

（五）品种审定证书和农业转基因生物安全证书复印件；生产经营授权品种种子的，提交植物新品种权证书复印件及品种权人的书面同意证明；

（六）委托种子生产合同复印件或自行组织种子生产的情况说明和证明材料；

（七）种子生产地点检疫证明；种子生产所在地省级农业主管部门书面意见；

（八）农业转基因生物安全管理、防范措施说明；

（九）农业部规定的其他材料。

第五条 审核机关应当自受理申请之日起二十个工作日内完成审核工作。审核机关应当对申请企业的办公场所和种子加工、检验、仓储等设施设备进行实地考察，并查验相关申请材料原件。符合条件的，签署审核意见，上报核发机关；审核不予通过的，书面通知申请人并说明理由。

核发机关应当自收到申请材料和审核意见之日起二十个工作日内完成核发工作。核发机关认为有必要的，可以进行实地考察并查验原件。符合条件的，发给种子生产经营许可证并予公告；不符合条件的，书面通知申请人并说明理由。

第六条 转基因棉花种子生产经营许可证设主证、副证。主证注明许可证编号、企业名称、统一社会信用代码、住所、法定代表人、生产经营范围、生产经营方式、有效区域、有效期至、发证机关、发证日期；副证注明生产种子的作物种类、种子类别、品种名称及审定编号、转基因安全证书编号、生产地点、有效期至等。转基因棉花种子生产经营许可证加注许可信息代码。

（一）许可证编号为"G（农）农种许字（xxxx）第 xxxx 号"，第二个括号内为首次发证时的年号，"第 xxxx 号"为四位顺序号；

（二）生产经营方式按生产、加工、包装、批发、零售填写；

（三）生产地点为种子生产所在地，标注至县级行政区域。

第七条 转基因棉花种子生产经营许可证有效期为5年，同时不得超出农业转基因生物安全证书规定的有效期限。

在有效期内变更主证、副证载明事项的，应当按照原申请程序办理变更手续，并提供相应证明材料。

许可证期满后继续从事转基因棉花种子生产经营的，企业应当在期满六个月前重新提出申请。

第八条 转基因棉花种子生产经营许可的其他事项，按照《农作物种子生产经营许可管理办法》有关规定执行。

第九条 本规定自2016年10月18日起施行。农业部2011年9月6日公布、2015年4月29日修订的《转基因棉花种子生产经营许可规定》（农业部第1643号公告）同时废止。

本规定施行之日前已取得的转基因棉花种子生产、经营许可证有效期不变，有效期在本规定公布之日至2016年12月31日届满的企业，其原有转基因棉花种子生产、经营许可证的有效期自动延展至2016年12月31日。

黄河流域棉区棉花机械化生产技术指导意见（试行）

农业部办公厅关于印发
黄河流域棉区棉花机械化生产技术指导意见的通知
农办机〔2012〕62号

　　棉花是我国主要的经济作物。棉花生产关系农民持续增收、农业稳定发展和纺织业健康发展。加快推进棉花生产机械化，是实现节本增效、保持棉花生产稳定发展的重要措施。为加强农机农艺融合，提高棉花生产机械化作业水平，降低生产成本，我部组织有关专家研究提出了黄河流域棉区棉花机械化生产技术指导意见（试行），现予以印发。

　　请各地在技术指导意见的基础上，结合本地实际，组织开展试验示范，细化技术内容，探索全程机械化的合理生产模式。重点围绕棉花机械化生产薄弱环节，做好技术指导和培训，促进棉花生产品种良种化、种植标准化、管理精简化、生产全程机械化，逐步建立和完善棉花机械化生产技术体系。

农业部办公厅
2012年11月28日

　　本指导意见针对黄河流域棉区棉花机械化生产特点和生态条件而制定，旨在加强农机与农艺融合，提高机械化作业水平，推进棉花品种良种化、种植规模化和标准化、日常管理精简化、生产全程机械化，促进棉花产业发展。

一、播前准备

（一）品种选择

同一种植区域应选择统一品种。在适合当地生态条件、种植制度和综合性状优良的主推品种中选择短果枝、株型紧凑、吐絮集中、含絮力适中、纤维较长且强度高、抗病抗倒伏、对脱叶剂比较敏感的棉花品种。

（二）种子处理

严把种子质量关。机械直播应选用脱绒包衣棉种，要求种子健籽率99%以上、净度98%以上、发芽率90%以上、种子纯度95%以上、含水量不高于12%。播种前晒种2~3天，以提高出苗率。

（三）土地准备

1. 机采棉田块应选择集中连片、肥力适中、地势平坦、便于排灌、交通便利的地块。作业规模上，摘锭式采棉机一般要求地块长度在500~1000m，面积在100亩以上；指杆式采棉机一般要求地块长度在200~500m，面积在30亩以上。

2. 严格掌握平地质量。茬灌地坚持在犁地以后和除草剂封闭前复平，要求地面高度差在5cm以内。

3. 注重耕翻质量。作业前要填沟、平高包，做到及时平整；棉田四周拉线修边，做到边成线、角成方；机力粉碎棉秆，拾净残茬并带出田间；田间不得有堆积的残根、残物及其它影响机械作业的杂物。

4. 耕翻深度在25cm左右（误差不得超过±1.5cm）；行走端直，扣堡平整，翻垄良好，覆盖严密，无回垄现象；地表无棉杆。

5. 播种前土地应做到下实上虚，虚土层厚2.0~3.0cm，有利于保墒、出苗。

二、栽培

（一）种植模式

同一机采棉区域内，统一种植密度和种植行距配置，播种密度应>6500株/亩（穴盘和钵体苗移栽可参照执行），以便机械化采收作业。适合水平摘锭式采棉机的种植行距为76cm（或81cm、86cm、91cm任选一种）；指杆式采棉机对行距无特殊要求，以等行距为佳；株高一般控制在80~100cm。

（二）机械直播

机采棉地块播种要求统一时间、统一品种。播种期一般在4月下旬，采用精量播种机，铺膜、播种、覆土一次完成。播量1~2kg/亩，播种深度2~3cm，覆土厚1.5~2cm，出苗株数要不少于6500株/亩。要求播深一致、播行端直、行距准确、下籽均匀、不漏行漏穴，空穴率<3%。使用1.2m宽地膜，单行76cm（或81cm）等行距1膜2行；71+10cm宽窄行为1膜4行。覆膜紧贴地面，要求松紧适度、侧膜压埋严实，防止大风揭膜。

三、田间管理

（一）苗期管理

定苗时间掌握在两片子叶展平后开始，1~2片真叶时结束。定苗要求去弱苗、留健苗，1穴1株，严禁留双株。遇雨后及时适墒破除板结，及早进行人工辅助放苗。

（二）水肥管理

棉花生育期间的水肥管理，应依据各生育时期需水需肥特性、土壤水肥状况和棉株形态特征综合确定。根据机采棉要求早发早熟的生长特点，前期重施底肥促壮苗，中期重施花铃肥保稳长，后期少施肥。确保中部集中成桃、集中吐絮，并使棉花长势均匀一致，有利机械采收。

棉花追肥用耕播犁双箱施入，施前将肥料过筛，做到施足、施均匀、不漏施。初花肥：一般棉田在头水前5~7天，结合开沟每亩施尿素10kg，施入深度10cm以上。花铃肥：7月20日后每亩施尿素10kg。后期不再追肥。棉花水分管理和肥料管理基本同步，前期宜早灌，后期不灌。建议机采棉田轻培土或不培土。

（三）杂草防治

杂草是影响机采棉采收质量的重要因素之一。棉花生育前期，主要依靠播前喷除草剂和地膜覆盖抑制杂草生长。中后期喷施棉田专用除草剂及时除草。

（四）适时打顶

根据棉花的长势、株高和果枝数等因素来确定适宜的打顶时间，一般在7月10~20日，并按机采棉采摘顺序进行作业。早采的早打，晚采的晚打，最终应控制棉株高度≤100cm。

（五）化学调控

1. 株型控制

机采棉要求第一果枝节位距地面20cm以上，因此应适当推迟头遍化调的时间。一般蕾期（8~9叶期）每亩用缩节胺1.0~2.0g，初花期用2.0~3.0g，盛花期用4.0~6.0g，打顶后用6.0~8.0g，株高要求控制在70~100cm。黄河流域雨水时空分布不均，需密切根据棉田墒情掌握化控时间和化控量，以塑造相对紧凑的株型，并促进集中结铃和吐絮。

2. 脱叶催熟

脱叶催熟效果直接影响机采棉花的品级、加工、储存质量和实收产量。应科学把握喷药时间、气温变化和脱叶催熟剂用量。

脱叶催熟剂用量选择：一般每亩使用脱落宝（50%可湿性粉剂）20~40g+乙烯利（40%水剂）100~200ml+水60kg进行喷施。

喷药时机选择：（1）田间棉花自然吐絮率达到40%~60%，棉花上部铃的铃龄达40天以上；（2）采收前18~25天，连续7~10天平均气温在20℃以上，最低气温不得低于14℃。

喷雾器选择：为达到喷雾均匀和棉花中下部叶片都能附着药剂，应尽可能选择带有双层吊挂垂直水平喷头喷雾器。

作业质量要求：在脱叶20天后，田间棉株脱叶率达90%以上、吐絮率达95%以上。

对晚熟品种、生长势旺、秋桃多的棉田,可适当推迟施药期并适当增加用药量,反之则可提前施药并减少用药量。

四、机械收获

(一) 采收前准备

1. 查看、确定进出机采棉田的路线,确保采棉机可顺利通过;

2. 摘锭式采棉机作业,棉田两端应人工采摘15m宽的地头,拔除棉杆,以利采棉机转弯调头;指杆式采棉机作业,在棉田的四角用人工采摘出机具入田的场地即可;

3. 在田头整理出适当的位置,便于采棉机与运棉车辆的交接卸花;

4. 平整并填平棉田内的毛渠、田埂,确保采棉机及运花车辆正常作业。

(二) 收获方式与机具选择

棉花机械收获分为分次选收和统收两种收获方式。各地应根据棉花种植模式、种植规模、籽棉处理加工条件等因素,因地制宜选择适宜的收获方式。摘锭式采棉机(选收方式),采收棉花适宜的行距为76cm(或81cm、86cm、91cm任选一种);指杆式采棉机(统收方式),采收棉花对行距配置无特殊要求,以等行距为好。

(三) 采棉机安全技术要求

1. 随车必须备有防火设备,每车应配备不少于4只8kg磷酸铵盐灭火器,用于初期火情的自救和控制;

2. 严禁在采棉机上和拉运棉花的机车上吸烟,采收作业区100m内严禁吸烟;

3. 采棉机在作业时,严禁在采摘台前活动;

4. 采棉机在排除故障时,发动机应熄火,并拉好手刹。

(四) 收获时机选择

在喷施脱叶催熟剂20天以后,适时观察脱叶效果,在脱叶率达到90%以上、吐絮率达到95%以上时,即可进行机械采收作业。

（五）采收质量要求

合理制定采棉机采收行走路线提高采摘质量。摘锭式采收质量应符合总损失率≤9%、含杂率≤11%、含水率≤11%的要求。指杆式采收质量应符合总损失率≤9%、含杂率≤11%的要求。

五、机采棉清理加工

（一）籽棉储存

1. 对籽棉回潮率要进行检测，回潮率超过12%时，随时检测棉垛温度变化情况，升温快的棉垛尽早加工。

2. 回潮率12%以下的籽棉可起垛堆放，但垛高应低于4m，且不易长期大垛堆放，要预防出现霉变。

3. 成垛后一定要盖严压好，以防雨水进入出现霉变。

4. 存储的机采棉要尽量做到早收的早轧，以防变色影响品质。

5. 新采籽棉干湿不均，一般需起垛5~7天，使垛内籽棉干湿趋于一致后，再进行加工。

（二）籽棉加工

1. 摘锭式采棉机收获后籽棉加工

摘锭式机采籽棉一般含杂率在8%~15%，含水率在9%~11%。因此，机采籽棉清理必须通过机采棉加工生产线，经过多道烘干、加湿、清理工序后，才能进行籽棉加工。

2. 指杆式采棉机收获后籽棉加工

采摘后的籽棉首先经过场地籽棉预处理机，将籽棉中的棉杆、铃壳、尘土、棉叶进行有效地清理，然后再用人工手采棉清理加工生产线进行后续处理加工，或将机采籽棉直接通过机采棉加工生产线进行处理加工。

油菜生产管理

油菜生产机械化技术要点（试行）

农业部办公厅
关于印发《油菜生产机械化技术要点（试行）》的通知
农办机〔2008〕9号

各省、自治区、直辖市农机管理局（办公室）：
　　为推进油菜生产机械化，促进我国油菜生产的发展，我部组织制定了《油菜生产机械化技术要点（试行）》，现予印发。请各地结合实际贯彻落实，逐步规范主产区的油菜机械化生产作业，引导油菜生产机具的开发和技术示范推广工作，加快油菜生产机械化发展步伐。

农业部办公厅
二〇〇八年三月十九日

　　油菜生产机械化技术包括油菜生产的机械化耕整地、开沟、栽种、排灌、植保、收获、干燥及秸秆还田等技术，其中机械化耕整地、开沟、排灌、植保和秸秆还田等技术与粮食作物生产相应作业环节的机械化技术基本类同,油菜的机械化栽种和收获是油菜生产机械化技术的重点。机械化栽种包括机械化直播和机械化移栽,以机械化直播技术较为成熟。现提出油菜机械化栽种和收获技术要点。

一、油菜机械化免耕直播

油菜机械化直播技术是采用专用或兼用油菜直播机直接将油菜种子播于大田的轻简栽培技术。主要内容包括播期及茬口的选择、田块的整理、基肥施用、品种的选用与种子处理、机具准备、播种作业、田间管理措施等。油菜机械直播省去育苗、移栽环节,可以提高劳动生产率,减轻劳动强度,缓解劳力矛盾,有利于实现油菜生产的节本增效和稳产高产。

(一) 播期及茬口选择

冬油菜直播田块,应选择前茬作物茬口较早的地块,长江中下游地区直播油菜的播期应控制在 10 月底以前,适期早播有利高产。

(二) 田块整理

1. 机械直播田块地表要平整,若不平整要浅旋一次并耙平。

2. 前茬作物收获后的留茬要短,田块表面无过量的作物残留根茬茎秆,杂草、杂物等影响机播正常作业的物体。

3. 用开沟机开沟以防渍害。依据地势、雨水及当地农艺要求,配套高标准的田间沟系,同时要保证畦面宽度及田头距离,供播种机正常作业。

4. 前茬为稻作的土壤要经适当日晒,使土壤疏松,适合机播作业。

(三) 播前准备

1. 基肥的施用

根据本地高产油菜的农艺要求,合理计算基肥的施用量,机播时侧深施肥,或机播前均匀地撒施田间。采取种肥混播方式施用基肥的，宜选用吸水性差的颗粒肥料，以防止化肥在种箱内结块，同时要严格控制肥料用量。

2. 种子选用及处理

选用适宜机械化收获的矮秆、株形紧凑、分枝较少、结角相对集中、成熟期基本一致、角果相对不易炸裂、生育期较短的适合当地种植的高产"双低"品种；选用的油菜种子必须经筛选，并进行必要的杀菌处理。

（四）播种作业

直播油菜无起苗环节，生长无停滞阶段。直播油菜播种期延迟，营养生长期相对缩短，植株矮化，分枝角果减少，单株生长力下降，因此应适当加大种植密度，一般控制在每亩2～2.5万株为宜，以增大群体株数，弥补个体发育不足，使群体产量提高。

1. 播种机调整

油菜机械直播的方法有两种：一是选用油菜直播机直接播种，播种前必须根据本地区农艺要求的播量，调整并测定机具的亩播量，确定播量刻度位置。二是选用稻麦条播机进行种肥混播。播种前要进行种肥混拌测定，每亩选用复合肥10～12kg，与适宜的种子量充分拌匀，并进行排种试验和机具调整。单位面积的播种量随播期的推迟而适当增加，播种时，应注意观察种子储量、排种是否顺畅、壅土等情况，以便随时停机检查、调整，确保播种质量。

2. 播种机检查

播种作业前，机手必须对拖拉机和播种机作一次全面检查调试，各传动运行部位应转动灵活，无碰撞、卡滞现象。转动部件要加注润滑油，以确保播种机能够正常工作。

3. 播种深度调整

机具下田后要按说明书的方法进行播种深度的试验、调整，直至达到农艺要求的深度。一般播深控制在5～10mm。旋耕播种机的播种深度主要靠调节旋耕机旋切刀滚的旋切深度来调整。

4. 播种操作

播种机田间作业行走路线，一般采用从田块中间左右回转向外作业的外作法，横头预留两个工作幅宽，往返一次补齐。如大田块则按机具幅宽或倍数，分数个小区进行播种作业。

机具作业时要保持直线性；油菜的边行不要靠沟太近，约有10~15cm的距离；要注意排种离合器的正确操作方法，不要出现漏播现象；拌肥播种时，由于排量加大，要经常注意观察种箱内的种、肥存量，及时添加，确保不断垄、不缺株。

（五）田间管理

直播油菜由于播种、出苗较迟，冬前有效生长期缩短，抓紧苗期管理是培育冬前壮苗的关键。

1. 清沟理墒 播种结束后要及时清沟，以保证沟系的通畅配套，做到旱能灌、涝能排。

2. 上水 播种结束后，视土壤墒情，若土壤相对含水量达70%时，可不灌水；若土壤水分不足则要采用沟灌窨墒的方法以湿润土壤，促进种子发芽出苗。

3. 适期查苗 在齐苗后至长出第三片真叶时，进行查补苗，直播油菜一般不间苗，但有必要拔除弱苗、病苗和杂株。一般每平方米30~40株苗为宜。

4. 中耕除草 在定苗后进行及早中耕培土，将行、株间土壤锄细、锄松，除净杂草。对于杂草较多的田块，可采用化学除草剂除草，根据当地植保部门建议和提供的药剂配方，有针对性防治。

5. 肥料运筹 根据当地高产油菜的生产水平，合理施用氮、磷、钾和硼肥。掌握好基肥、腊（苗）肥、花肥的施用时间和施肥量，腊（苗）肥施用时间要适当提早，以免油菜恋青，便于机械收获。

6. 病虫害防治 病虫害防治应根据当地植保部门建议和提供的药剂配方和防治时间，有针对性防治。油菜苗期主要有蚜虫，菜青虫等为害，当达到防治标准时要及时选用药剂防治，培育壮苗。

二、油菜机械化移栽

（一）育苗

一般采用制钵装置制成育苗的土钵，将种子播入营养钵内，在一定条件下集中育苗；培育出适宜机械移栽的油菜钵苗，达到须根多、易脱盘要求，以提高机械化移栽作业质量。

1. 钵苗规格

叶数：3~4枚；苗高：120mm~150mm；托盘：25穴、30穴。

2. 播前准备

前茬收获后，每亩用20%克无踪水剂150ml~200ml加水喷雾，杀灭杂草，施药后第二天移栽油菜。油菜移栽后，再选用敌草胺、禾耐斯、乙草胺等除草剂进行土壤处理。

2.1 种子

种子需经筛选处理，去除细小种子和杂物。根据种子发牙率和农艺要求确定每穴播种粒数，减少空穴率。易发生病虫害的作物需进行种子药剂处理。

2.2 钵土

钵土以轻质的腐质土为主，配以大田的地表肥土，腐质土所占比例大于肥土。钵土需提前进行打碎过筛，去除石块杂物，土壤不宜过黏或过沙，并经晒干和消毒处理，保存备用，在播种前将其充分拌匀。营养土的湿度一般为15%，以手捏成团但手不沾泥，捏团掉地可散裂为宜。

2.3 钵盘

播前需准备好充足、适用于机具作业的专用钵盘，根据作物地表上苗株的质量可分别选用25穴、30穴钵盘。

2.4 育苗播种机

确定播种用的育苗精量播种机，并进行播种前的调试，以达到完好的技术状态。

2.5 育苗床准备

育苗床要求平整、无杂草,并配有防晒和防暴雨的设备,有条件地区可选用温室作为育苗床,待小苗长出真叶后移出温室。

3. 播种作业

3.1 播种时间

根据各品种种子的生长发育速度确定,一般在移栽前 20~35 天左右进行播种,生根速度快的育苗播种的时间可迟一些,生根速度慢的时间要提前一些。

3.2 播种

将准备好的钵土和种子加入播种机,根据钵盘的规格,调整好播种机具的株行距和每穴播种粒数进行试播。种子要在每穴的中间位置,播种质量符合要求后再进行批量作业,对播后钵盘复土并洒水,复土深度 5mm 左右,水要浇透。

4. 钵苗管理

4.1 已播钵盘入苗床

将已播钵盘送入苗床,在每个钵盘下方放置废旧报纸或其他既透气又能防止苗根扎入土壤的隔离物。

4.2 防晒防雨处理

在苗床上方设置防晒网,防止太阳对苗盘的暴晒而导致缺水,防止暴雨对未出苗的苗盘冲刷,以免钵土流失和种子移位。

4.3 肥水管理

根据钵土含水率情况,及时进行补水,保证油菜苗的正常生长。当幼苗破土后,应根据其生长情况,及时施用苗肥,促其正常发育。

4.4 促根

为达到须根多的目的,对于直根系作物,进行适当的促根处理。在播种后,结合补水喷施生根粉(用量和用法见生根粉的使用说明)。

4.5 控长

在促根的同时，要根据其苗长的情况，定时喷施多效唑以控制苗超长而影响机具移栽作业。

（二）移栽

使用拖拉机配套的移栽机或专用移栽机按农艺要求，将育好的钵苗移栽到大田中。机械化移栽具有定苗定穴，栽深一致等特点。

1. 移栽前准备

1.1 大田质量要求

耕整地质量的好坏直接关系到机械化栽植作业质量。移栽田块要求平整、田面整洁、细而不烂，碎土层大于 8cm，碎土率大于 90%。

综合土壤的地力、茬口等因素，可结合旋耕埋茬作业施用适量有机肥和无机肥，进行适度病虫草害的防治后即可移栽。有条件的地方也可以采用免耕移载。

1.2 苗准备

将要移栽的油菜苗苗高应控制在 15cm 以内（3 叶 1 芯为宜），若过高移栽时会产生夹苗、拔苗现象。过高部分在不伤苗芯的前提下可切除，并不影响油菜移栽后成活、生长。

将秧盘运至田头应随即卸下平放，使油菜苗自然舒展，并做到随起随栽。

1.3 移栽机具调试

移栽作业前，机手须对油菜移栽机作一次全面检查调试，各运行部件应转动灵活，无碰撞卡滞现象。转动部件要加注润滑油，以确保油菜移栽机能够正常工作。

根据当地高产栽培农艺要求，调节好相应的作业株距和移栽深度。

2. 移栽作业

2.1 大田作业行走

选择适宜的移栽行走路线，可使用划印器和侧对行器，或开

5cm 深的机具行走沟，以保证移栽机的直线度和邻接行距。

2.2 作业质量监控

移栽作业过程中要监视和控制栽深的一致性，达到深浅适宜，应保证每亩大田适宜的基本苗达到 8000 株以上。

油菜钵苗起盘后整齐平放于移栽机的苗盘上，不粘黏，易于分离。

3. 油菜移栽作业质量

油菜机械化移栽的作业质量，对油菜高产、稳产的影响至关重要。作业质量必须达到以下要求：漏栽率≤5%；伤苗率≤4%；翻倒率≤4%；均匀度合格率≥85%。

漏栽：指移栽后穴内无油菜苗。

伤苗：指油菜苗栽后茎基部有折伤、刺伤和切断现象。

翻倒：指油菜苗倒于田中，叶梢部与泥面接触。

均匀度：指各穴苗株数与其平均株数的接近程度。

栽植深度一致性：一般栽植深度在 20mm~30mm（以油菜苗土钵上表面与大田土壤表层为基准）。

移栽油菜的其他田间管理措施如施肥、防治病虫害等，与直播油菜的田间管理基本相同。

三、油菜机械化收获

油菜机械化收获较人工作业具有损失率低、清洁度高、用工少、生产效率高等特点。但由于油菜生物学特性和收获季节天气多变，油菜适宜收获期较短。因此，应特别注意最佳收获时期的选择，既不能在未完熟时收割造成不应有的损失，又要防止过于成熟造成炸荚落粒损失，以减少收获损失和防止对油菜籽品质的影响。

（一）油菜成熟度、含水率及墒情要求

油菜的成熟度直接关系到机械化联合收获的作业质量，一般机收油菜要比人工收获期推迟 5~7 天，在黄熟后期至完熟期最为适宜，此时成熟度为 85~95%，不但子粒饱满，种皮色泽好，粒重和

含油率较高,而且易于脱粒。

油菜植株的含水率也是适宜机收的重要指标,雨后及遇早晨露水多时植株含水率较高,宜凉干后才能收获。在生产实践中,天气晴好要提前下田作业,遇阴湿天气宜推迟作业时间。

对土壤的含水率的要求,以满足油菜联合收割机的行走作业为标准。

(二) 机械准备

作业前,必须对联合收割机作适当调整。

1. 割台的调整　将主割刀位置调整到最前端与侧竖分禾切割器联接(如伸缩式割台、驳接加长式割台等);

2. 调整拨禾轮的位置和转速等　根据主割刀前伸量和油菜植株的高度调整拨禾轮的水平和垂直位置,并适当降低拨禾轮的转速(适宜转速21~25r/min);插拨式弹齿的数量适当减少,并成螺旋形排列;

3. 调整脱粒滚筒的转速　更换链轮,使脱粒滚筒的转速在950r/min(稻麦:≥800 r/min);

4. 调整清选风量　调小进风口,降低风量,宜将清选风机的4叶片改为2叶片;

5. 更换清选筛　油菜在完熟后期,选用"上8"、"下6"冲孔筛;油菜在完熟前期,选用"上10"、"下8"冲孔筛;如局部油菜偏青,成熟度相差较大,可选用编织筛。

(三) 机收作业

1. 喂入量的选择

首先根据油菜生长密度和产量选择喂入量,对密度大和产量高的田块,不能全幅收割,适当减小割幅和前进速度。其次根据油菜植株含水率和表面湿度选择喂入量,中午或阳光较好时,含水率和表面湿度较低,适当提高前进速度;上午或傍晚时,含水率和表面湿度较高,适当减小割幅和前进速度。

2. 操作要求

由于油菜秸秆粗大，含水率高，油菜叶、油菜籽、油菜荚壳和秸秆屑，很容易粘结和堵塞清选筛面，作业中，机手必须经常检查筛面是否堆积物过多，筛孔是否堵塞。否则，必须停机清理后方可作业。油菜机械化收获的损失率大小，除了收割获机本身的性能以外，主要还取决于机手的操作技术和细心程度，特别是要勤检查、清理筛面，才能确保较低的损失率。

3. 作业质量

机械化收获的作业质量影响到油菜的实际产量。作业质量必须达到以下要求。

损失率：≤8%

破碎率：≤0.5%

含杂率：≤5%

可靠性有效度：≥95%

（四）收后油菜籽的处理

机械化收获后的油菜籽的含水率较高，应及时晒干或烘干。如天气阴雨，必须及时采取，以避免不应有的损失。

油菜机械化生产技术指导意见

农业部办公厅关于印发油菜机械化生产技术
指导意见的通知
农办机〔2012〕31号

各省、自治区、直辖市和计划单列市农机（农业、农牧）局（厅、委、办），新疆生产建设兵团农业局、黑龙江省农垦总局：

  油菜是我国主要的油料作物，对于保障我国食用植物油供给具有重要作用。油菜机械化生产是节本增效、促进油菜生产发展的重要途径。为推进农机农艺融合，提高油菜机械化生产的科技含量，实现高产优质高效，我部组织有关专家研究提出了油菜机械化生产技术指导意见（以下简称"技术指导意见"），现予以印发。

  请各地在技术指导意见的基础上，结合本地实际，细化技术内容，探索全程机械化的合理生产模式，完善适宜本地区的油菜机械化生产技术体系和操作规范。重点围绕油菜机械化生产薄弱环节，强化技术指导和培训，引导油菜生产向机械化、轻简化、集成化、标准化、规模化方向加快发展，全面提升油菜机械化技术水平。

二〇一二年七月十六日

  本指导意见针对长江流域主产区的油菜生产特点而制定，旨在加强农机与农艺融合，推动机械化作业水平提高，促进油菜生产发展。

一、播前准备

1. 品种选择

各地应在适合当地生态条件、种植制度、综合性状优良的主推品种中选择具有抗倒伏、抗裂角、抗病、株型紧凑等适合机械化作业特性相对较好的油菜品种。对于直播油菜,尽可能选择耐迟播,春天早发能力强的品种。三熟制地区应选择生育期较短的油菜品种。

2. 种子处理

精量播种地区,必须选用高质量的种子并进行精选处理,要求种子水分不高于9%,纯度不低于95%(杂种一代90%左右),净度不低于97%,发芽率90%以上。播种前,应晒种4~6小时,提高发芽率;然后针对当地各种病虫害可能发生的程度,选择相应防治药剂进行拌种或包衣处理,及时灭杀种子表面的病菌,提高播种后的抗病虫害能力。

3. 播前整地

前茬作物收获后,用秸秆粉碎还田机将秸秆粉碎再旋耕灭茬还田,也可使用具有相同功能的复式机具作业,田块表面应无过量的残茬。少免耕直播油菜要求前茬作物的留茬高度:水稻≤20cm,玉米≤30cm。开沟机作厢宽度应与播种、收获机械作业宽度相对应,厢沟、腰沟、边沟配套,沟深15cm~20cm,沟上口宽不小于25cm,沟底宽不小于15cm。必须指出,开沟深度、宽度各地应根据当地土壤类型、气候条件、作业习惯在此基础上适当调整。在有灌排条件地方,要根据土壤墒情适时排灌,以保证顺利播种。

在播种前,应根据当地农艺要求及土壤肥力,合理计算肥料的施用量。基肥施用量为总施肥量的50%。硼肥、氮肥、钾肥应根据当地土壤特性及肥力条件进行配施。一般氮磷钾复合肥 300kg/hm²~6020kg/hm²,或缓释肥 450kg/hm²;硼砂 7.5kg/hm²~11.25kg/hm²,并符合 ny/t 790 的规定。在采取种肥混播复式作业机具施用基肥时,应选用不易吸水的颗粒肥料,以防止化肥在肥箱中结块堵塞。

二、栽培

油菜的栽培方式分为直播和移栽两种。

1. 机械直播

播种期一般在 9 月下旬至 10 月上、中旬，提倡早播。播种行距 25cm～30cm，播种量 3kg/hm^2～4.5kg/hm^2，播种深度 5mm～25mm，油菜出苗株数应不少于 37.5 万株/hm^2。播种期推迟时应适当加大播种量。

在播种机具选择上，应根据土壤墒情、前茬作物品种以及当地播种机使用情况，选择具有一次完成浅耕灭茬、开沟作畦、播种、施肥等多种工序联合直播机，或少、免耕直播精量油菜播种机等。按照机具使用说明书要求进行作业。播种作业质量应尽量符合下列指标要求：漏播率≤2%；各行播量一致性变异系数≤7%；行距一致性变异系数≤5%。

2. 机械移栽

育苗移栽是长江流域抢农时获高产的一项重要技术。钳夹式移栽机适用前茬为旱作的油菜移栽，稻后移栽需要精细整地才能达到较好移栽效果。一般在育苗播种 25 天～35 天后进行机械移栽。长江中上游移栽期为 11 月上旬以前，长江下游移栽期为 11 月下旬以前。移栽密度一般不少于 12 万株/hm^2、行距 30cm～40cm，移栽时土壤湿度应不大于 30%。油菜裸苗移栽时，苗高在 20cm～25cm 之间，叶龄在 4 叶 1 芯～5 叶 1 芯。采用钵苗移栽方式，制钵机制取营养钵时，需按要求先配置好营养土。钵苗移栽时，钵体直径小于 2.5cm 或边长小于 2.5cm×2.5cm，苗茎直径小于 2.5mm，苗高 15cm～20cm，叶龄在 3 叶 1 芯～4 叶 1 芯。

在移栽机具选择上，应根据秧苗情况选择导苗管式移栽机移栽钵苗，钳夹式或链夹式移栽机移栽裸苗。此外，还应结合当地田块面积、土壤墒情、前茬作物品种等，选择 2 行移栽机、4 行移栽机、6 行移栽机或选择能完成开沟、栽苗、浇水、施肥、覆土等复式作业的机具。

三、田间管理

1. 施肥

根据各地土壤情况及对油菜幼苗的长势，合理追肥，保证油菜苗数。直播油菜一般在间苗后施苗肥，定苗后施第二次追肥；移栽油菜第一次追肥在幼苗成活时施，第二次在植株长成3片至5片新叶时施。

2. 植保

芽前除草。油菜田除草应注重播前及播后各时期的操作环节，即播（移栽）前杀灭前期老草，这是油菜田除草的基础；播种（移栽）后1~2天杂草出土前，使用相应的除草剂封闭土壤，有利于药膜的展开，阻止杂草种子的萌发。

苗期除草。苗后喷施除草剂在油菜4~5叶期进行，选用选择性除草剂防除油菜中的单、双子叶杂草。

油菜生育中后期病虫害防治，应根据"病虫情报"选用对口药剂，及时安全用药。苗期主要防治蚜虫，苔花期主要防治菌核病，在油菜初花期主要防治菌核病、霜毒病。在植保机具选择上，可采用机动喷雾喷粉机、背负式喷雾喷粉机、手动喷雾器等机具进行机械化植保作业，机械化植保作业应符合喷雾机（器）作业质量、喷雾器安全施药技术规范等方面的要求。

四、收获

1. 收获方式与机具选择

油菜收获分为联合收获和分段收获两种方式。各地应根据油菜种植方式、气候条件、种植规模、田块大小等因素因地制宜选择适宜的收获方式。联合收获对于直播油菜或株型适中的移栽油菜，在适宜的收获时机可以获得较好的收获效果；分段收获对于移栽油菜特别是植株高大、高产的移栽油菜能够获得稳定的低损失的收获效果。收获期多雨或有极端天气的地区，采用联合收获存在气候风险，采用分段收获安全性高；小规模、小田块直播或移栽油菜，采用联合收获更显便捷的优势，可优先选择。南方越冬油菜因田间开有纵、横向排水降渍沟不便于小型轮式机作业，因此应选择适宜田块大小和种植规模的履带式联合收割机或割晒机、捡拾收获机。新购置油菜联合收割机或捡拾收获机应选择具有茎秆粉碎装置的，便于茎秆粉碎还田。联合收割机作业前，需对割台主割刀位置、拨禾轮位置和转速、脱粒滚筒转速、清选风量、清选筛等部件和部位适当调整。

2. 收获时机选择

采用联合收获方式时，应在全田90%以上油菜角果外观颜色全部变黄色或褐色，完熟度基本一致的条件下进行。采用分段收获方式时，应在全田油菜70~80%角果外观颜色呈黄绿或淡黄，种皮也由绿色转为红褐色，采用割晒机或人工进行割晒作业；将割倒的油菜就地晾晒后熟5天~7天（根据天气，晾晒时间可以再延长），成熟度达到95%后，用捡拾收获机进行捡拾、脱粒及清选作业。

3. 作业质量要求

联合收割作业质量应符合总损失率≤8%、含杂率≤6%的要求，割茬高度应根据农户要求在10~30cm；分段收获作业质量应符总损失率≤6.5%、含杂率≤5%、破碎率≤0.5%等要求。

五、收后菜籽处理与保存

联合收获后的油菜籽含水率高，极易发生霉变，应采用烘干机及时烘干，没有条件的地区应及时晾晒，以防霉变。分段收获的菜籽含水率普遍比联合收获的低，对于田间晾晒充分菜籽含水率低于10%的，可以不再烘干和晾晒，否则应及时烘干或晾晒。

含水率在10%以下的菜籽，可堆2米高存放到高温多雨季节来临前，存放期1个月左右；水分含率在10%到13%之间的，矮堆或包装存放，只能保存1到3周。若长期存放，应将含水率降至8%以下。

农业部蔬菜生产信息监测
管理办法（试行）

农业部办公厅关于印发
《农业部蔬菜生产信息监测管理办法（试行）》的通知
农办农〔2011〕46号

各省、自治区、直辖市、计划单列市农业（农牧、农村经济、农林）厅（委、局），新疆生产建设兵团农业局，中国农科院蔬菜花卉研究所：

为建立健全蔬菜生产信息监测体系，逐步实现科学化、规范化和制度化管理，提高监测数据的及时性、准确性、全面性，增强形势研判的可靠性，提高信息发布的权威性，我部制定了《农业部蔬菜生产信息监测管理办法（试行）》。现印发给你们，自印发之日起施行。

二〇一一年五月六日

第一章 总 则

第一条 蔬菜生产信息监测的目的是及时掌握蔬菜生产动态信

息，指导农民合理安排生产，引导产品有序流通，促进生产稳定发展和市场平稳运行。

第二条 蔬菜生产信息监测的主要任务是在主产区建立蔬菜生产信息监测体系，及时采集、分析、发布产销信息，为准确研判蔬菜产销形势提供依据。

第三条 蔬菜生产信息监测的主要工作包括乡级信息员采集、业务主管单位审核汇总、计算机网络平台传送、行业专家分析、农业部发布等。

第四条 各级蔬菜生产主管单位和信息员及有关单位，在开展蔬菜生产监测工作时必须遵守本办法，及时采集、审核汇总、报送信息，不得拒报、迟报、虚报、瞒报，不得伪造、篡改信息资料。

第二章 机构与人员

第五条 农业部种植业管理司负责全国蔬菜生产信息监测工作，中国农科院蔬菜花卉研究所承担具体业务工作。

第六条 各级蔬菜生产主管单位负责蔬菜生产信息监测工作，安排固定的专职或兼职信息员。农业部蔬菜生产信息监测基点县要在蔬菜生产面积较大的乡（镇）确定1名信息员、若干固定的信息采集点。

第七条 信息员要有高度的责任心，并具备胜任蔬菜生产信息采集、审核汇总和报送工作的业务知识和能力。信息员实行备案制，未经允许不得撤换，以保持监测工作的稳定性和连续性。

第三章 工作职责

第八条 农业部种植业管理司负责组织、管理、协调全国蔬菜生产信息监测工作。

（一）制定全国蔬菜生产信息监测工作方案和管理办法；

（二）确定农业部蔬菜生产信息监测基点县；

（三）制定全国蔬菜生产信息监测报表；

（四）组织数据审查；

（五）定期组织蔬菜生产形势会商，形成分析报告，并适时发布预警；

（六）组织省级和基点县信息员业务培训；

（七）组织常规和应急性的调查研究；

（八）负责中央数据库和软件平台建设、维护与管理。

第九条 中国农科院蔬菜花卉研究所承担全国蔬菜生产信息监测具体业务工作。

（一）参与制定蔬菜生产信息监测工作方案、管理办法和报表；

（二）收集、审核和汇总蔬菜生产监测数据；

（三）会商蔬菜生产形势；

（四）撰写蔬菜生产形势分析报告；

（五）参与省级及基点县信息员业务培训；

（六）完成农业部交办的其他蔬菜信息监测工作。

第十条 农业部成立蔬菜信息监测专家组，主要承担以下工作：

（一）跟踪蔬菜产销形势；

（二）对月度、季度和年度蔬菜产销形势进行分析；

（三）参加形势会商；

（四）核查各地报送的数据资料，及时总结经验，发现问题，提出改进意见，并为考核监测工作提供依据；

（五）完成农业部交办的其他蔬菜信息监测工作。

第十一条 省级蔬菜生产主管单位负责组织、管理和协调本省（区、市）的蔬菜生产信息监测工作。

（一）制定本省（区、市）蔬菜生产信息监测工作方案和管理办法；

（二）向农业部推荐蔬菜生产信息监测基点县；

（三）及时审核、汇总、上报蔬菜监测数据信息；

（四）组织本省（区、市）蔬菜生产形势会商，形成报告并及时上报；

（五）组织市、县级信息员业务培训，建立各级信息员及基点县固定信息采集点档案，报农业部备案；

（六）及时向农业部报告本省（区、市）蔬菜生产中出现的新情况和新问题。

（七）完成农业部交办的其他蔬菜信息监测工作。

第十二条 农业部蔬菜生产信息监测基点县蔬菜主管单位负责信息监测工作的组织和实施。

（一）向省级蔬菜生产主管单位推荐乡（镇）蔬菜生产信息员和固定信息采集点；

（二）定期采集、上报主要蔬菜产地批发价格；

（三）指导乡（镇）蔬菜生产信息员采集信息、填写信息监测报表、建立监测信息档案；

（四）审核、录入、汇总数据，并及时上报省级蔬菜生产业务主管单位；

（五）组织乡（镇）蔬菜生产信息员培训；

（六）及时向省级蔬菜主管单位和农业部报告蔬菜生产中出现的新情况和新问题。

（七）完成上级蔬菜主管单位交办的其他蔬菜信息监测工作。

第十三条 农业部蔬菜生产信息监测基点县乡镇信息员负责本乡（镇）蔬菜生产信息采集工作。

（一）筛选蔬菜种植面积较大的企业、农民专业合作社和大户，建立固定信息采集点；

（二）按照要求采集蔬菜生产信息，并填写报表、建立档案；

（三）及时汇总和上报所采集的各项数据信息，配合县级信息员做好数据录入工作；

（四）完成县级蔬菜主管单位交办的其他信息监测工作。

第四章 监测数据的处理和发布

第十四条 各级蔬菜生产主管单位及乡（镇）信息员须保存数据资料2年以上，以备查阅。

第十五条 农业部负责全国蔬菜生产信息监测数据的处理和发布；未经农业部允许，各级蔬菜生产主管单位无权处理、发布及向任何单位和个人公开农业部蔬菜生产信息监测基点县的监测数据。

第五章 经费保障

第十六条 蔬菜生产信息监测项目资金主要用于信息采集、录入、审核、汇总，专家会商分析，信息发布，信息员培训，数据库和软件平台维护与管理等补助。

第十七条 各级蔬菜生产主管单位要加强对蔬菜生产信息监测专项经费监管，严格按照规定的范围使用项目资金，做到专款专用。省级蔬菜生产主管单位要保证经费足额拨付到基点县；基点县蔬菜生产主管单位要将信息采集补贴及时足额发放给乡（镇）信息员。

为了保证蔬菜生产信息监测工作顺利开展，各级蔬菜生产主管单位要积极争取财政等部门支持，增加投入。

第六章 考核管理

第十八条 蔬菜生产信息监测工作实行年度三级考核制。农业部种植业管理司考核省级蔬菜生产主管单位；省级蔬菜生产主管单位负责本省（区、市）蔬菜生产信息监测工作考核，重点考核农业部蔬菜生产信息监测基点县；基点县蔬菜生产主管单位考核乡镇信息员。基点县蔬菜信息监测工作考核办法和考核结果报农业部备案。

第十九条 蔬菜生产信息监测工作考核内容主要包括：组织领导情况，包括是否明确专门分管领导、固定的信息员，年初是否有工作部署，年终是否有工作总结，年度是否有考核、评比、通报表扬等；报表上报情况，包括是否准时上报报表以及报表的质量；文字材料上报情况，包括是否及时上报《蔬菜生产信息监测月历》规定的文字材料和临时应急调度的文字材料，是否及时上报当地生产政策、技术措施、产销动态等相关信息；其他，包括信息员培训情况，项目经费使用、管理情况，以及档案建立情况等。

第二十条 按照《蔬菜生产信息监测考核评分标准》进行打分，每季度通报得分情况，每年度累计分数考核一次，根据总分排列名次，评选和通报表扬蔬菜信息监测工作A级（第1耀5名）、B级（第6耀10名）、C级单位（第11耀20名），作为下一年度蔬菜生产信息监测经费安排依据。

依据考核结果，对信息监测基点县和信息员实行动态管理。

第七章 附 则

第二十一条 本办法由农业部种植业管理司负责解释。
第二十二条 本办法自印发之日起施行。

附件：蔬菜生产信息监测工作考核评分标准（略）